신과 인간과 인간의 행복에 대한 짧은 논문

신과 인간과 인간의 행복에 대한 짧은 논문

B. 스피노자 지음 | 강영계 옮김

서광사

이 책은 「스피노자 전집. 보충판」(Ad Benedicti de Spinoza Opera quae supersunt omnia, Supplementum) 중에서 (Tractatus brevis de Deo et Homine eiusque Valetudine, 1862)를 옮긴 것이다(Amstelodami apud Fredericum Muller, 1862).

신과 인간과 인간의 행복에 대한 짧은 논문

B. 스피노자 지음
강영계 옮김

펴낸이 | 김신혁, 이숙
펴낸곳 | 도서출판 서광사
출판등록일 | 1977. 6. 30.
출판등록번호 | 제 406-2006-000010호

(413-120) 경기도 파주시 회동길 77-12 (문발동)
대표전화 (031) 955-4331   팩시밀리 (031) 955-4336
E-mail: phil6161@chol.com
http://www.seokwangsa.co.kr | http://www.seokwangsa.kr

제1판 제1쇄 펴낸날 ― 2016년 3월 20일
제1판 제2쇄 펴낸날 ― 2019년 3월 30일

ISBN 978-89-306-2560-9   94160
ISBN 978-89-306-2164-9   94160(세트)

옮긴이의 말

지금부터 15년 전『에티카』의 한글 번역판을 출판한 후 나는 간간히 학부와 대학원의 강의와 세미나를 통하여 스피노자의 철학적 사색이 지닌 깊이와 넓이를 배우고 체험하면서 스피노자야말로 젊어서부터 이론과 실천을 종합하여 사색할 줄 알았던 드문 사상가라는 사실을 알고 소스라치게 놀란 일이 몇 번 있었다.

나는『에티카』를 라틴어 원전과 독어 번역본 및 영어 번역본을 한 문장씩 대조하면서 건조체의 표현을 가능하면 독자들이 이해하기 쉬운 표현으로 고쳐 보려고 꽤나 애썼다. 그러나 형식적인 논리적 표현과 거리가 있는 우리말의 특성과 내 능력의 한계로 인해서 내가 노렸던 목적이 제대로 성공하지 못했다. 후대의 노력이 이와 같은 결함을 충분히 메꾸어 주리라고 믿는다.

나는 틈이 날 때마다 스피노자의 초기 저술인『지성 개선론』,『신과 인간과 인간의 행복에 대한 짧은 논문』,『데카르트의 철학의 원리』,『신학-정치론』,『정치론』의 중요 부분들을 음미하였다. 그리하여 들뢰즈나 라캉 등이 왜 스피노자를 들먹이는지도 이해할 수 있었다. 나는 스피노자가 어떤 사유의 경로를 거쳐서 데카르트주의자로부터 자기 자신의 고유한 철학 사상을 구성하게 되었고 초기 저술들을 거쳐서 어떻게 『에티카』에서 종합적 사상을 전개하였는지, 그리고 왜 『에티카』 이후 실천 문제에 신경을 쓰면서 『신학-정치론』과 『정치론』을 저술하게 되었는지 어느 정도 일목요연하게 바라볼 수 있었다. 그리하여 힘닿는 데까지 스피노자의 저술들을 우리 말로 옮기기로 마음먹게 되었다.

『지성 개선론』과 『신과 인간과 인간의 행복에 대한 짧은 논문』에는 이미 『에티카』의 중심 내용인 신, 정신, 정서, 자유 등에 대한 예리한 논의들이 포함되어 있다. 따라서 『지성 개선론』, 『신과 인간과 인간의 행복에 대한 짧은 논문』과 함께 『데카르트의 철학의 원리』는 『에티카』 이해를 위한 기초서들이라고 말할 수 있다.

나는 『신과 인간과 인간의 행복에 대한 짧은 논문』을 번역하기로 작심하자마자 스피노자의 어떤 판을 원본으로 삼아서 번역하여야 할지 결정할 수 없어 매우 난감하고 당황스러운 처지를 벗어나기 힘들었다. 이 논문에는 두가지 판이 있는데 독일 본 대학의 샤르슈미트 교수(Prof. Schaarschmidt)가 소유하다가 출판한 것이 네덜란드어 판 A판이고 반 데어 린데 박사(Dr. Antonius van der Linde)가 보관하다가 출판한 것이 네덜란드어 판 B판으로 알려져 있다. A판의 머리말에 있는 것처럼 스피노자는 『신과 인간과 인간의 행복에 대한 짧은 논문』을 원래 라틴어로 썼으나 그것은 출판되지도 못하고 원고마저 사라졌고 그의 제자들이 네덜란드어로 번역한 두 종류의 원고만 남아 있었다고 볼 수 있다.

내가 구할 수 있었던 『신과 인간과 인간의 행복에 대한 짧은 논문』은 모두 세 종류였다.

1. 블로텐(J. van Vloten)이 네덜란드어 A판을 라틴어로 다시 번역

하여 라틴어-네덜란드어 대역판으로 1862년 암스테르담에서 출판된
「스피노자 전집. 보충판: Ad Benedicti de Spinoza Opera quae super-
sunt omnia, Supplementum」에 포함되어 있는 『신과 인간과 인간의
행복에 대한 짧은 논문』(*Tractatus brevis de Deo et Homine eiusque
Valetudine*, Amsterdam, 1862)

2. Benedict de Spinoza, Kurzer Tractat von Gott, dem Menschen
und dessen Glückseligkeit, übsetz von Dr. Christoph Sigwart, Tübin-
gen, 1870.

3. Spinoza, Complete Works, tr. by Samuel Shirley, Camblidge,
2002.

이 논문을 제외하면 스피노자의 나머지 저술들은 모두 그가 원래 썼
던 대로 라틴어 판 그대로 구해 볼 수 있다. 그래서 나는 개념상의 일관
성을 위해서 블로텐의 라틴어 번역판을 첫 번째 원본으로 삼고 다음으
로 독일어 번역판과 영어 번역판을 동시에 함께 참고하면서 번역작업
에 임했으며 개념이나 내용이 확실치 않을 경우에는 네덜란드어 판도
억지로 참고하려고 애썼다. 이 책의 각주는 두 종류가 있는데 예컨대
역주는 1) (역주) …, 2) (역주) …, 등으로 표시했고 원주는 3) …, 4)
…, 등과 같이 숫자만 표시하였다.

지금까지 거의 40년 동안 한눈팔지 않고 오로지 철학책 출판 한 길
만 고집하여 온 서광사 김신혁 사장님, 이숙 부사장님 그리고 편집진
여러분의 진한 관심과 노력에 힘입어 스피노자의 저술들이 이 땅에서
도 햇빛을 받을 수 있다는 것에 대해서 다시 한 번 고마움을 표한다.

2015년 겨울
옮긴이 강영계

차례

옮긴이의 말 … 5

제2부 인간과 그의 행복에 대하여

부록

신과 인간과 인간의 행복에 대한
짧은 논문

Tractatus brevis

de

Deo et Homine eiusque Valetudine

신과 인간과 인간의 행복에 대한 짧은 논문[1]

이 논문은 원래 스피노자가 윤리학, 즉 참다운 철학의 연구에 전념하고 자 하는 그의 제자들이 사용하도록 라틴어로 저술하였다. 그러나 지금 우리는 진리와 덕을 사랑하는 사람들을 위하여 이 논문을 네덜란드어 로 번역하였다. 그리하여 진리와 덕에 대해 멋대로 말하며 자기들의 쓰 레기와 오물을 마치 용연향(龍涎香)처럼 꾸며 단순한 사람들에게 습관 적으로 억지로 쑤셔 넣는 사람들이 언젠가 입을 다물고 그들이 이해하 지 못하는 다음과 같은 것들—신, 그들 자신, 그리고 그들 서로의 행복 을 어떻게 염려하여야 하며, 또한 우리는 우리의 최선의 스승인 그리스 도의 모범에 따라서 친절과 관용의 정신을 가지고 지성이 병든 사람들 을 어떻게 치료할 것인가—에 대해서 모독하는 것을 중지하도록 하기 위해서 저술되었다.

---

1 (역주) 네덜란드어 판 A의 제목이다.

윤리학 또는 도덕학[2]

이 논문의 내용은 다음과 같이 두 부분으로 나누어 저술되었다.

1. 신의 현존과 속성들
2. 인간에 대해서; 인간의 정념들의 본질과 근원에 관하여,

   이 정념들과 연관하여 인간 이성의 사용에 관하여,

   그리고 인간을 치료하고 최고의 자유로 상승시키는 수단에 관하여.

또한 인간 영혼의 본성과 영혼과 신체의 통일에 대한 것과 실체의 본성에 대한 짧은 기획을 포함한 부록이 있다.

부록: 인간 영혼의 본성과, 영혼과 신체의 통일 그리고 실체의 본성에 대한 짧은 기획이다.

B. 스피노자가 저술하였다

---

2 (역주) 네덜란드어 판 B의 제목이다

제1부

신에 대하여

1

신은 존재한다

우리들은 신이 존재한다는 것을 증명할 수 있다고 말한다.

I. 선천적으로(A priori)[1]:

1. 어떤 사물의 본성(natura)에[2] 속하는 것으로 우리들이 명석판명 (明晳判明)하게 이해하는 모든 것을 또한 그 사물에 대해서도 참다웁게 주장할 수 있다. 그러나 본질(essentia)이 신의 본성에 속한다는 것을 우리들은 명석판명하게 이해할 수 있다.

---

1 (역주) a priori(선천적)는 "감각 경험에 의존하지 않고 본래부터 있는"이라는 뜻을 가진다. 합리론자들은 예컨대 수학적 추론에 의해서 우리가 얻는 지식은 선천적(a priori) 지식이라고 한다. a priori(선천적)에 대립되는 것은 a posteriori(후천적) 이다. 스피노자의 선구자인 데카르트와 같은 철학자는 자아, 신, 수학적 및 논리적 관념 등을 본유관념(idea innata)이라고 부르며 이런 관념은 감각 경험을 떠나서 선천적으로 인식할 수 있다고 주장하였다. 스피노자도 마찬가지 입장이다.

2 사물을 사물이게 하며, 동시에 그 사물을 파괴하지 않고서는 그 사물로부터 결코 제거될 수 없는 일정한 본성(natura definita)을 이해할 것. 그러므로 예컨대 산이 계곡을 가지고 있다는 것은 산의 본질에 속하거나 또는 산의 본질인데, 비록 산 자 체가 과거에 결코 존재하지 않았거나 앞으로 존재하지 않을지라도 이러한 본질은 참으로 영원하고 불변하며 언제나 산의 관념 안에(in montis idea) 존재하지 않으 면 안 된다.

그러므로—

2. 그 사물들의 본질들(rerum essentiae)은 영원히 존재하며, 영원히 변하지 않고 남아 있을 것이다.

신의 존재는 본질이다(Dei existentia est essentia).[3]

그러므로—

II. 후천적으로(A posteriori),[4] 따라서 다음과 같다.

만일 인간이 신에 대한 관념을 가지고 있다면, 신은[5] 형식적으로 (formaliter)[6] 존재하지 않으면 안 된다. 그러나 인간은 신의 관념을 가

---

3 (역주) 서양 중세 스콜라철학(11~14C)의 핵심 주제는 보편논쟁이었다. 보편적 본질이 우선인가 아니면 개별 존재자가 우선인가가 바로 보편논쟁의 내용이다. 보편은 개물에 선행한다.(Unversalia sunt ante rem)는 것이 실념론(realismus)의 주장이고, 보편은 개물 다음에 존재한다.(Unversalia sunt post rem)는 것이 유명론(nominialismus)주장이며, 보편은 개물 안에 존재한다(Unversalia sunt in rebus)는 아퀴나스가 대변하는 온건 실념론(realismus moderatus)의 입장이었다. "신의 존재는 본질이다"라는 스피노자의 입장은 스콜라철학의 세 입장들을 종합하면서 나중에 제시될 신(Deus)=실체(subustantia)=자연(natura)이라는 자신의 고유한 형이상학적 주장을 예견하고 있다.

4 (역주) a posteriori는 '후천적'으로 보통 번역하는데, '감각 경험에 의존하는'의 의미를 가진다. 따라서 a posteriori(후천적)는 a priori(선천적)와 반대되는 개념이다. 일반적으로 경험론자들은 선천적인 이성 인식을 부정하고 감각 경험에 의해서 우리들이 귀납적 지식을 얻을 수 있다고 주장한다.

5 제2장에서 귀결되는 신은 무한한 속성들(attributa infinita)을 가지고 있다는 정의(定義)로부터 우리들은 신의 존재(existentia)를 다음처럼 증명할 수 있다. 우리들이 명석판명하게 아는 모든 것들이 어떤 사물의 본성에 속한다는 것을 또한 참다웁게 그 사물에 대해서도 주장할 수 있다. 그러나 무한한 속성들을 가진 존재자의 본성에는(ad naturam entis) 존재(esse)라는 속성이 속한다. 그런데 이러한 것을 관념에 대해서는 주장하고 사물 자체에 대해서 주장해서는 안 된다고 말하는 것은 그릇된 일이다. 왜냐하면 이와 같은 존재자(ens)에 속하는 속성의 관념은 실질적으로 (materialiter) 성립하지 않기 때문이다. 그러므로 주장된 것은 사물에 대한 것도 아니고 또한 사물에 관해서 주장된 것에 대한 것도 아니다. 그러므로 관념(idea)과 관념화된 것(ideatum) 사이에는 커다란 차이가 있다. 그리하여 사물에 대해서 주장된 것은 관념에 대해서 주장되지 못하며, 그 역(逆)도 성립한다.

지고 있다.

그러므로—

첫 번째 것을 우리들은 다음처럼 증명한다 ;

만일 신의 관념이 존재한다면, 그 관념의 원인이 형식적으로 존재하지 않으면 안 되며, 그러한 원인은 자신 안에 그 관념이 가진 모든 것들을 포함하지 않으면 안 된다.

그러나 신의 관념은 현존한다. 그러므로—

이 추리의 대전제를 증명하기 위해서 우리들은 다음의 규칙들을 제시한다.

1. 인식 가능한 사물들은 무한하다.

2. 유한한 지성(intellectum finitum)은 무한한 것을 파악할 수 없다.

3. 유한한 지성은 외부적인 것에 의해서 결정되지 않으면 자기 자신에 의해서는 아무것도 알 수 없다. 왜냐하면, 유한한 지성이 모든 것을 알기 위한 능력을 전혀 가지고 있지 않은 것처럼 또한 유한한 지성은, 말하자면 저것보다 오히려 이것을 또는 이것보다 오히려 저것을 알기 시작할 또는 알기를 수행할 능력도 가지고 있지 않기 때문이다. 그러므로 유한한 지성은 하나도 그리고 다른 것도 할 수 없기 때문에 아무것도 할 수 없다.

대전제는 다음처럼 증명된다 :

만일 인간의 허구화(fictio)가[7] 그의 관념의 유일한 원인이라면, 그는

---

6 (역주) 여기에서 '형식적으로'(formaliter)는 일상생활에서 사용되는 '겉치레'의 뜻을 전혀 가지고 있지 않고 오히려 '필연적으로' 또는 '논리적으로'의 의미를 가지고 있다.

어떤 것은 파악할 수 없을 것이다. 그러나 그는 어떤 것은 파악할 수 있
다. 그러므로—

첫 번째 것은 첫 번째 기본 규칙에 의해서, 말하자면 인식 가능한 사
물들은 무한하다는 것에 의해서 증명되며, 두 번째 기본 규칙에 따라서
유한한 지성(intellectus finitus)은 모든 것을 파악할 수 없고, 만일 지
성이 저것보다 오히려 이것을 인식하는 것이 외적 사물들에 의해서 결
정되지 않는다면 세 번째 기본 규칙에 따라서 지성이 어떤 것을 인식할
수 있으리라는 것은 불가능할 것이다.[8]

---

7 (역주) 허구화(fictio)는 상상 내지 구상(構想)이다. 인간은 현존하는 대상을 파악
하고 상상력을 동원하여 그 대상을 일정한 관념으로 부른다. 스피노자는 이러한 관
점에서 대상을 허구화하여 관념을 만든다고 말한다.
8 더 나아가서 이 관념은 허구(fictio)라고 말하는 것 또한 그릇되다. 왜냐하면 관념
화된 것을 증명하는 것이 존재하지 않는다면 이와 같은 관념을 가지는 것이 불가능
하기 때문이다. 이 점은 바로 앞의 해당 부분에서 제시되었으며, 우리들은 여기에
다음의 사실을 첨가한다.
　다음의 사실은 참다웁다. 즉 어떤 관념이 어떤 사물로부터 처음으로 우리들에게
나타나고 우리들이 그 관념을 추상적으로 일반화하여 고찰할 때 우리들의 지성은
그 관념에 대해서 수많은 개별 사물들을 상상할 수 있으며 또한 그 관념에 다른 사
물들로부터 추상된 수많은 속성들을 첨가할 수 있다. 그러나 만일 우리들이 우선,
이 추상된 속성들을 만드는 사물들 자체를 알지 못했다면 그러한 속성들을 첨가하
는 일은 불가능하다. 그렇지만 일단 이 신의 관념을 허구라고 가정하면, 우리들이
가지고 있는 다른 모든 관념들 역시 허구임이 분명하다. 만일 사정이 이렇다면 우
리들이 그 관념들 사이에서 그렇게 큰 차이를 발견하는 것은 어디에서 생기는가?
왜냐하면 우리들은 현실적으로 존재할 수 없는 것들을 알기 때문이다. 예컨대 우리
가 두 가지 본성으로 구성하는 모든 괴물들(omnia monstra)이 그런 것들인데, 새
이면서 말인 동물 및 그와 같은 것들이고 그것들은 전적으로 다른 방식으로 구성된
것으로 우리들이 아는 자연에서 존재하는 것이 불가능하다. 다른 관념들은 존재할
수 있지만 필연적으로 존재할 필요는 없다. 그러나 그러한 관념들이 존재하든지 존
재하지 않는지 간에 그것들의 본질은 항상 필연적인데, 삼각형의 관념 그리고 신체
를 떠난 영혼에 있어서 사랑의 관념 등이 그러한 것이다. 그러므로 처음에 내가 이
것들을 상상했다고 생각했을지라도 나중에 그것들이 존재하며 또 존재할 것이라고

그런데 인간이 신의 관념을 가지고 있다는 것은 인간이 신의 속성들

억지로 말하지 않을 수 없다. 나도, 어떤 사람도 그것들에 대해서 일찍이 생각하지 않았다고 할지라도 사정은 마찬가지이다. 그러므로 나는 그것들을 허구화하지 않았으며 또한 그것들은 나의 외부에서 나 아닌 주관(subjectum)을 가지지 않으면 안 되는데, 나의 주관이 없으면 그것들은 존재할 수 없다. 이것들에 더하여 세 번째 관념이 있으며 이것은 오직 유일한 관념이다. 이 관념은 자신과 함께 필연적 존재를 지니며, 앞에서의 단지 가능한 존재와 같은 것을 지니지 않는다. 왜냐하면 단지 가능한 존재에 대해서 물론 그것의 본질(essentia)은 필연적이지만 그것의 존재(existentia)는 필연적이지 않기 때문이다. 그러나 세 번째 관념의 경우 그것의 존재와 본질은 필연적이며, 이 관념은 존재와 본질이 없으면 아무것도 아니다. 그러므로 나는 어떤 사물의 진리, 존재 또는 본질이 나에게 의존하지 않는다는 것을 안다. 왜냐하면 두 번째 종류의 관념들에 관해서 제시된 것처럼 이 관념들은 나에게서 독립하여 오직 그것들의 본질에만 관해서든지, 아니면 본질과 존재 두 가지 모두에 관해서든지 간에 그것들이 존재하는 대로의 그것들이기 때문이다. 나는 세 번째 유일한 관념에 대해서 이러한 사실을 또한 참다운 것으로 발견하며, 실로 한층 더 그런 것으로 발견한다. 이 유일한 관념은 나에게 의존하지 않을 뿐만 아니라 반대로 유일하게 내가 그에 대해서 긍정하는 주관(subjectum)임이 분명하다. 그래서 만일 그가 존재하지 않는다고 할 것 같으면 나는 그에 대해서 전적으로 아무것도 주장할 수 없을 것인데, 이는 마치 다른 사물들이 실제로 존재하지 않는다고 할지라도 그 사물들에게 일어나는 경우와도 같다. 실로 그는 또한 모든 다른 것들의 주관이지 않으면 안 된다. 그러므로 지금까지 말한 것으로부터 다음의 사실이 명백하게 드러난다. 즉 완전한 존재자에게 있어서(in ente perfecto) 무한한 속성들에 대한 관념은 허구(fictio)가 아니다. 그렇지만 우리들은 다음과 같은 것을 첨가할 것이다. 앞에서의 자연에 대한 고찰에 따라서 우리들은 저 가장 완전한 존재자에게(ad perfectissimum illud ens) 속하는 단지 두 가지 속성들 이상의 것들을 지금까지 발견할 수 없었다. 그리고 이 두 가지 속성들은 가장 완전한 존재자를 구성하는 모든 것이라고 우리들 자신을 적절히 만족시킬 만한 어떤 것도 우리들에게 주지 않는다. 반대로 우리들은 우리들 안에서 명백하게 보다 더 많은 그리고 그뿐만 아니라 무한히 완전한 속성들을 우리들에게 알려 주는 어떤 것을 발견한다. 이러한 속성들은 이 완전한 존재자가 완전하다고 일컬어질 수 있기에 앞서서 이 완전한 존재자에게 속하지 않으면 안 된다. 그러나 이 완전성의 관념은 어디에서 오는가? 그와 같은 것은 저 두 가지 속성들로부터 생길 수 없다. 왜냐하면 둘은 단지 둘만 부여하고 무한성을 부여하지 않기 때문이다. 그러면 어디에서 오는가? 적어도 나로부터 생기지는 않는다. 그렇지 않으면 나는 내가 소유하지 않은 것을 줄 수 있지 않으면 안 된다. 그러면 무한한 속성들 자체로부터가 아니면 어디에서 오는가? 무한한 속성들 자체는 그렇지만 동시에 자신들이 무엇인지 우리들에게 말하지 않고 자신들

을[9] 인식한다는 사실을 통해 명백해진다. 인간은 불완전하기 때문에 신의 속성들은 인간으로부터 도출될 수 없다. 그러나 인간이 이 속성들을 안다는 것은 다음의 사실을 통해 명백해진다. 말하자면 인간은 다음의 사실들을 안다. 즉 인간은 무한한 것이 다양한 유한한 부분들로부터 구성될 수 없다는 것을 안다. 인간은 두 개의 무한한 것이 있을 수 없고 오로지 하나의 무한한 것만 있을 수 있다는 것을 안다. 인간은 그것이 완전하고 불변한다는 것을 안다. 그 이유는 즉 어떤 것도 그 자체가 자기 자신의 파괴를 추구하지 않으며 동시에 무한한 것은 현존할 수 없을 정도로 완전한 한, 보다 더 좋은 어떤 것으로 변화될 수 없다는 것을 잘 알기 때문이다.[10] 아니면 또한 그와 같은 것은 외부에서 오는 어떤 것에 종속될 수 없다. 왜냐하면 그것은 전능하기(omnipotens sit) 때문이다.

이 존재한다는 것을 우리들에게 말한다. 왜냐하면 오직 두 가지에 대해서만 우리들은 무한한 속성이 무엇인지 알기 때문이다.

9 그는 신에게 고유한 것(illud quod Deo proprium est)이 무엇인지 알기 때문에 신의 속성들이라고 말하는 것이 더 낫다. 왜냐하면 이러한 무한성, 완전성 등은 신의 속성들이 아니기 때문이다. 실로 이것들이 없으면 신은 신일 수 없지만 그가 신인 것은 이것들에 의해서가 아니다. 왜냐하면 이 속성들은 아무런 실질적인 것도(nihil substantiale) 제시하지 않고 단지 명사(名詞)들이나 그것들의 설명을 요구하는 형용사들과 같기 때문이다.

10 이러한 변화의 원인은 사물의 외부 또는 사물 안에 있지 않으면 안 될 것이다. 그러나 사물의 외부에 있지 않다. 왜냐하면 이것과 마찬가지로 자기 자신에 의해서 존재하는 실체(substantia)는 어떤 것도 자신의 외부에 있는 어떤 것에 의존하지 않으며, 따라서 어떤 변화에도 종속되지 않기 때문이다. 또한 자신 안에 있지도 않다. 왜냐하면 이것보다 훨씬 작은 어떤 것도 자기 자신의 파괴를 원하지 않고, 모든 파괴는 외부로부터 생기기 때문이다. 더 나아가서 유한한 실체가 존재할 수 없다는 것은 다음의 사실로부터 분명하다. 즉 왜냐하면 만일 그러한 실체가 존재할 경우 그것은 필연적으로 무로부터(a nihilo) 어떤 것을 갖지 않으면 안 되기 때문인데 이것은 불가능하다. 그러한 실체는 신과 구분되는 것을 무엇으로부터 갖는 것인가? 적어도 신으로부터는 아니다. 왜냐하면 신은 불완전하거나 유한한 것을 아무 것도 가지고 있지 않고 등등이기 때문이다. 그러므로 신으로부터가 아니라면 무엇으로부터인가?

이 모든 것들로부터 우리들이, 신은 존재한다는 사실을 선천적으로 그리고 동시에 후천적으로(tam a priori, quam a posteriori) 증명할 수 있다는 것이 명백하게 따라 나온다. 실로 선천적으로 더 잘 증명된다. 왜냐하면 후천적인 방법으로 증명되는 것들은 외적 원인들에 의해서 증명되지 않으면 안 되는데 이는 그것들이 자신들에 의해서가 아니라 오직 외적 원인들에 의해서만 자기 자신들을 알릴 수 있는 한 자신들 안에 있는 불완전성을 드러낸다. 그러나 모든 사물들의 제1원인(causa prima omnium rerum)이며 또한 자기원인(causa sui)인 신은 자기 자신에 의해서 자기 자신을 알도록 한다. 그러므로 말하자면 신은 아무런 원인도 가지고 있지 않기 때문에 선천적으로 증명될 수 없다고 하는 토마스 아퀴나스의 말에 지나치게 큰 무게를 둘 필요는 없다.

2

신은 무엇인가

앞 장에서 신은 존재한다.(Deum esse)는[1] 것을 증명하였으니 이 장에서는 신은 무엇인가(quad sit Deus)를 제시할 필요가 있다. 말하자면 우리들은 그를 존재자(ens)라고 부르는데 그 존재자에 대해서 모든 또는 무한한 속성들을 언명하며[2], 그 각각의 속성은 자신의 종류에 있어서(in suo genere) 무한히 완전하다.

그런데 여기에 관한 우리들의 견해를 명백하게 표현하기 위해서 다

1　(역주) 스피노자는 24세인 1656년 암스테르담의 유대 공동체에서 추방되었는데 그 이유는 물론 그의 진보적 자유사상 때문이었다. 스피노자는 이미 유대교의 야훼신과 기독교의 하느님 그리고 자기 자신의 고유한 자연주의적, 범신론적인 자연=실체=신을 종합하는 종교철학적 입장을 가지고 1658년『지성 개선론』을 집필하였고 뒤이어 1660년『신과 인간과 인간의 행복에 대한 짧은 논문』을 집필하였다. 이러한 배경을 참작하여 역자는 Deus를 하나님으로 옮기지 않고 신으로 옮겼다.

2　이것의 이유는 다음과 같다. 무(Nihil)에는 아무런 속성도 있을 수 없기 때문에 전체(omne)에는 모든 속성들(omnia attributa)이 있지 않으면 안 되며, 바로 무(無)는 그것이 무이기 때문에 아무런 속성도 없는 것과 마찬가지로 어떤 것(aliquid)인 것은 그것이 어떤 것이기 때문에 속성이 있다. 그러므로 한 사물이 한층 더 어떤 것일수록 그것은 더욱더 속성이 없으면 안 된다. 그렇기 때문에 가장 완전하고 무한하며 모든 것인 신은 무한하고 완전한 모든 속성들이 있지 않으면 안 된다.

음의 4가지 명제들을 미리 말할 것이다.

1. 유한한 실체는 존재하지 않지만, 모든 실체들은 자신의 종류에 있어서 무한히 완전하지 않으면 안 된다. 말하자면 신의 무한한 지성 안에는 이미 자연 안에 있는 것보다 더 완전한 실체는 아무것도 존재할 수 없다.

2. 두 개의 똑같은 실체들은 존재하지 않는다.

3. 한 실체는 다른 실체를 산출할 수 없다.

4. 신의 무한한 지성 안에는 자연 안에 형식적으로(formaliter) 존재하는 실체 이외의 다른 실체가 존재하지 않는다.[3]

---

3 그런데 어떤 유한한 실체도 존재할 수 없다는 것을 우리들이 증명할 수 있다면, 모든 실체는 무한하게 신적 존재자에(ad ens divinum) 속하지 않으면 안 된다. 우리들은 이것을 다음처럼 증명한다: 1. 각각의 실체는 자기 자신을 제한했거나 아니면 2. 다른 실체에 의해서 제한된 것이 분명하다. 각각의 실체는 자기 자신을 제한할 수 없었다. 왜냐하면 만일 실체가 무한했다면 그것은 자신의 전체 본성을 변화시키지 않으면 안 되었을 것이기 때문이다. 또한 그것은 다른 실체에 의해서 제한될 수도 없다. 왜냐하면 그것은 유한하거나 아니면 무한하지 않으면 안 되기 때문이다. 그러나 그것은 첫 번째 것이 아니고 두 번째 것이다. 그러므로 그것은 신(Deus)이다. 두 번째 것은, 신에게 능력이나 의지가 결여되어 있기 때문에 실체를 제한하지 않으면 안 되었을 것이다. 그러나 첫 번째 것은 신의 전능(omnipotentia)에 반대되며 두 번째 것은 신의 자비(benignitas)에 반대된다. 그러므로 무한한 실체 이외에는 어떤 실체도 존재하지 않는다. 3. 이로부터 똑같이 제한된 두 가지 실체들이 존재할 수 없다는 사실이 따라 나온다. 왜냐하면 우리들이 설정하는 것처럼 결정(determinatio)이 필연적으로 있기 때문이다. 다시금 이로부터 하나의 실체는 다른 실체를 산출할 수 없다는 사실이 따라 나온다. 즉 ① 다른 실체를 산출해야만 할 원인은 산출된 속성과 동일한 속성을 가지지 않으면 안 되며, ② 또한 똑같은 완전성이나 ③ 아니면 많거나 적은 완전성을 가지지 않으면 안 된다. 첫 번째 것은 아니다. 왜냐하면 그럴 경우 두 가지 똑같은 실체들이 존재할 것이기 때문이다. 두 번째 것도 아니다. 왜냐하면 그럴 경우 하나가 제한될 것이기 때문이다. 또한 세 번째 것도 아니다. 왜냐하면 무로부터(ex nihilo)는 아무것도 생기지 않기 때문이다. 더 나아가서 만일 무한한 실체로부터 유한한 실체가 생긴다면 무한한 실체는 또한 제한될 것이며 등등… 따라서 하나의 실체는 다른 실체를 산출할 수 없다. 이로부터 다시금 다음의 사실을 알 수 있다. 즉 모든 실체는 형식적으로(formaliter) 존재하지

첫 번째 명제에 대해서, 곧 유한한 실체는 존재하지 않는다는 것에 대해 어떤 사람이 반대를 주장하고자 한다면, 우리들은 물론 그에게 다음처럼 물을 것이다: 그렇다면 이 실체는 자기 자신에 의해서 유한한가, 그렇지만 이 실체는 자기 자신을 그렇게 유한하게 만들고 무한하게 만들기는 원하지 않았는가? 그리고 이 실체는 자기 자신에게 더 이상의 것을 줄 수 없거나 아니면 주려고 하지 않는 자기 원인에 의해서 (per causam suam) 그렇게 제한되어 있는가? 첫 번째 것은 참답지 않다. 왜냐하면 어떤 실체가 자기 자신을 제한하려고 했으리라는 것은, 그것도 자기 자신에 의해서 존재한 실체가 그랬으리라는 것은 불가능하기 때문이다. 그러므로 나는 다음처럼 말한다. 즉 필연적으로 신(Deus)인 실체는 자기원인에 의존한다. 더 나아가서 만일 그것이 자기원인에 의해서 유한하다면, 이러한 사실은 그것의 원인이 더 이상 아무것도 줄 수 없거나 아니면 더 이상 아무것도 주려고 하지 않기 때문이다.[4]

않으면 안 된다. 왜냐하면 모든 실체가 존재하지 않았다면 실체가 존재하게 될 아무런 가능성도 없을 것이기 때문이다.

4 여기에 대해서 사물의 본성은 그와 같은 유한한 존재를 요구했고 따라서 그것은 다를 수 없었다고 말하는 것은 아무런 답이 되지 못한다. 왜냐하면 사물의 본성은 사물이 존재하지 않으면 아무것도 요구할 수 없기 때문이다. 만일 여러분이 그런데도 존재하지 않는 사물의 본성에 무엇이 속하는지를 사람들이 알 수 있다고 말한다면, 그것은 존재(existentia)에 대해서는 참답지만 본질(essentia)에 대해서는 참답지 않다. 여기에 창조하다(creare)와 산출하다(generare)의 차이가 놓여 있다. 창조는 본질에 대해서 그리고 동시에 존재에 따라서 어떤 사물을 구성하는 것이다. 그러나 산출은 오직 존재에 따라서만 어떤 사물을 낳는 것이다. 그러므로 오늘날 자연에는 창조는 없고 오직 산출만(generatio tantum)이 존재하며 신이 창조할 때 신은 사물 자체와 함께 사물의 본성을 동시에 창조한다. 따라서 사물이 본질과 존재에 있어서 사물의 원인과 일치하지 않게끔 신이 물론 능력은 있지만 의욕하지 않고 사물을 창조했다고 한다면 그럴 경우 신은 악의적일 것이다. 그렇지만 우리들이 여기에서 창조라고 부르는 것에 대해서는 그것이 일찍이 일어났다고 실제로 언급될 수 없고, 만일 우리들이 창조와 산출을 구분한다면 창조는 오로지 우리들이 그것에 대해서 말할 수 있는 것을 지시하기 위해서 언급될 뿐이다.

그가 더 이상 아무것도 줄 수 없었다는 것은 그의 전능(全能)에 모순될 것이다. 그렇지만 그가 더 이상 어떤 것을 줄 수 있는 동안에도 그러려고 하지 않았다는 것은 악의(invidio)로 보이는데 전적으로 자비와 충만함(benignitas et plenitudo)인 신 안에 그러한 악의는 존재하지 않는다.

'두 개의 똑같은 실체들은 존재하지 않는다' 는 두 번째 명제에 대해서 말하자면, 우리들은 각각의 실체가 자신의 종류에 있어서 완전하다는 것에 의해서 그 명제를 증명한다. 왜냐하면, 만일 두 가지 똑같은 실체들이 존재한다면 하나는 필연적으로 다른 하나를 분명히 제한할 것이고, 따라서 우리들이 이미 앞에서 증명한 것처럼 무한할 수 없을 것이기 때문이다.

세 번째 명제에 대해서, 즉 하나의 실체는 또 다른 실체를 산출할 수 없다는 것에 대해서 만일 어떤 사람이 다시 반대하려고 한다면 우리들은 그에게 다음과 같이 물을 것이다. 즉 이 실체를 산출해야만 하는 원인은 산출된 실체와 똑같은 속성들을 가지고 있는가 아니면 그렇지 않은가? 그렇지 않다는 것은 성립하지 않는다. 왜냐하면 무로부터(ex nihilo)는 아무것도 산출될 수 없기 때문이다. 앞의 것이 성립한다면 우리들은 계속해서 이 산출된 것의 원인이 될 속성들 안에는 바로 산출된 실체 안에서와 마찬가지로 많은 완전성이 존재하는지 아니면 산출된 실체 안에서보다 덜 또는 더 많은 완전성이 존재하는지의 여부를 묻는다. 앞에서 제시된 이유들로부터 그 안에는 완전성이 덜 존재하지 않는다. 또한 더 많지도 않다. 왜냐하면, 만일 더 많다면 이 두 번째 산출된 것은 유한하지 않으면 안 되는데 이것은 우리들이 이미 증명한 것에 대해서 반대된다. 그렇다면 똑같은 속성들을 가지고 있다고 하자. 따라서 그것들은 똑같으며 두 개의 똑같은 실체들인데 이것은 분명히 앞에서의 우리들의 증명과 모순된다. 더 나아가서 창조된 것은 결코 무(無)로부터 산출될 수 없고 필연적으로 존재하는 어떤 것으로부터 산출되지 않으면 안 된다. 그러나 이것으로부터 어떤 것이 생겨나야만 하며, 그 어떤 것이 그에게서 생긴 다음에 그는 그 어떤 것을 적지 않게 가지고 있으리라는 것을 우리들은 우리들의 지성을 가지고 파악할 수 없다. 마지막으로 우리들은 사물들의 속성으로부터 생기는 사물들의 원리인 실체의 원리(substantiae causa)를 찾으려고 한다. 그럴 경우 우리들은 또한 다시금 이 원인의 원인을 그리고 다시 이 원인의 원인을 찾아야만 하며 그렇게 무한히 계속된다. 그래서 만일 우리들이 어디에선가 필히 멈추어야 한다면, 우리들은 필연적으로 이 하나의 실체에서 멈추어야만 한다.

신의 무한한 지성 안에는(in Dei infinito intellectu) 자연 안에 형식적으로(formaliter) 존재하는 실체나 속성들 이외의 어떤 실체나 속성도 존재하지 않는다는 네 번째 명제를 우리들은 다음처럼 증명한다. 1. 신의 무한한 능력(potentia infinita)으로부터. 왜냐하면 신 안에는 신으로 하여금 어떤 하나를 다른 것보다 더 빨리 또는 더 많이 창조하도록 하는 원인이 어떤 것도 존재할 수 없기 때문이다. 2. 신의 의지의 단순성으로부터. 3. 우리들이 추후에 증명할 것처럼 신은 선한 것을 행하지 않을 수 없다. 4. 지금 존재하지 않는 실체는 결코 존재할 수 없다. 왜냐하면 하나의 실체는 다른 실체를 산출할 수 없기 때문이다. 그리고 한층 더 나아가서, 그럴 경우 보다 더 많은 무한한 실체들이 존재하기보다는 존재하지 않을 것이다. 이것은 부당하다. 이 모든 것들로부터 다음의 사실이 따라 나온다. 곧 모든 것들에 있어서 모든 것은 자연에 대해서 언급되며. 결국 자연은 무한한 속성들로 구성되고 각각의 속성은 자신의 유(類)에 있어서(in genere suo) 완전하다. 이것은 우리들이 신에 대해서 내리는 정의(定意)와 완전히 일치한다.

형식적으로 자연 안에 존재하지 않는 사물은 신의 지성 안에 존재하지 않는다고 이미 우리들이 말한 것에 반대해서 다음처럼 논의하려고 하는 사람들이 있다. 즉 신이 이미 모든 것들을 창조했다면 그는 이제 더 이상 아무것도 창조할 수 없다 그러나 신이 더 이상 아무것도 창조할 수 없다는 것은 그의 전능함(omnipotentia)에 모순된다. 그러므로 —

첫 번째 것에 대해서 우리들은 신이 더 이상 아무것도 창조할 수 없다는 것을 인정한다. 그리고 두 번째 것에 대해서 만일 신이 창조가능한 모든 것을 창조할 수 없다면 이것은 그의 전능(全能)에 모순될 것이라고 우리도 고백하였다. 그러나 만일 그가 창조할 수 없었다면 그는 결코 창조할 수 없을 것이며 이것은 자기모순이다. 이것은 마치 신은 모든 것을 창조하였지만 아직 더 많은 것을 창조할 수 있다고 말하는 것과 마찬가지이다. 확실히 다음과 같은 사실—신은 자신의 무한한 지성 안에 있었던 모든 것을 창조하지 않기보다 또는 그들이 말하는 것처럼 결코 모든 것을 창조할 수 없었던 것보다 그러한 모든 것을 창조했다는 것— 은 신 안에서의 훨씬 더 큰 완전성이다. 그러나 왜 여기에 대해서 그토록 많은 말들을 하는가? 그들은 신의 전지로부터(ex Dei omniscientia)[5] 만일 신이 전지하다면 그는 더 이상 아무것도 알 수 없다. 그러나 신이 아무것도 알 수 없다는 것은 그의 완전성에 모순된다. 그러므로 —라고 논증해서는 안 된다. 그러나 만일 신이 자신의 지성 안에 모든 것을 가지고 있다면 그리고 자신의 무한한 완전성 때문에 더 이상 아무것도 알 수 없다면, 왜 우리는 신이 자신의 지성 안에 가지고

---

5 곧 우리들이 그들로 하여금 이와 같은 인정으로부터, 말하자면 신이 전지(全知)하다는 것으로부터 논증하게끔 할 때마다 그들은 그렇게 논증할 수밖에 없다

있는 모든 것을 산출하고 만들었다고 그리고 모든 것은 형식적으로 자연 안에 있거나 아니면 있게 될 것이라고 말할 수 없는가?

우리들은 모든 것들이 동시에 신의 무한한 지성 안에 있다는 것과 그가 왜 이것을 저것보다 더 일찍 그리고 더 많이 창조했는지에 대한 원인이 없다는 것 그리고 모든 것들을 그가 한순간에 산출할 수 있었다는 것을 알고 있다. 그 때문에 우리들이 언젠가는 그들이 우리에게 썼던 무기를 그들에게 쓸 수 있을지의 여부에 대해서 알아보기로 한다. 말하자면 다음과 같은 것이다.

만일 신이, 자신이 더 이상 창조할 수 없을 정도로 그렇게 창조할 수 없다면 그는 자신이 창조할 수 있는 것을 결코 창조할 수 없다.

그러나 그가 창조할 수 있는 것을 창조할 수 없다는 것은 자기모순이다. 그러므로—

왜 우리들이, 자연 안에 있는 이 속성들이 오직 하나의 실체(una substantia)이고 다양한 것들이 결코 아니라고(비록 우리들이 그것들을 다른 어떤 것 없이 어떤 하나를 그리고 또 다른 어떤 것 없이도 다른 어떤 것을 명석판명하게 알 수 있다고 할지라도) 말했는지에 대한 이유들은 다음과 같다.

1. 왜냐하면 우리들은 이미 앞에서 다음의 사실을 발견했기 때문이다. 즉 무한하고 완전한 존재자(ens infinitum et perfectum)가 존재하지 않으면 안 된다. 그렇다면 모든 것들 안에 있는 모든 것들이 언급되는 그러한 존재자 이외의 어떤 다른 것도 의미를 가질 수 없다. 왜 그런가? 왜냐하면 어떤 본질을 가진 존재자에게는 속성들이 주어지지 않으면 안 되고, 우리들이 그 존재자에게 많은 본질을 부여할수록 그에게 그만큼 많은 속성들을 부여하지 않으면 안 되기 때문이다. 그래서 결국 존재자가 무한하면 그것의 속성들도 역시 무한하지 않으면 안 된다. 그

리고 이것 자체를 우리들은 무한한 존재자(ens infinitum)라고 부르는
것이다.

2. 우리들이 모든 자연 안에서 보는 통일(unitas) 때문이다. 만일 자
연 안에 서로 다른 존재자들이 있었다면[6] 하나의 존재자는 다른 존재자
와 통일되는 것이 불가능할 것이다.

3. 왜냐하면 이미 우리들이 본 것처럼 비록 어떤 실체가 다른 실체를
산출할 수 없다고 할지라도, 그리고 만일 하나의 실체가 존재하지 않는
다면 그것이 존재하기 시작하는 것이 불가능하다고 할지라도 우리들은
다음의 사실을 알기 때문이다. 즉 어떤 실체(우리가 그런데도 자연 안
에 존재하는 것으로 아는) 안에도 우리들이 그것을 따로 떼어서 각각
고찰할 경우 그 실체가 존재할 아무런 필연성이 없다. 왜냐하면 존재는
그 실체의 개별적인 본질에 속하지 않기 때문이다.[7] 그러므로 다음의

---

6 곧 하나의 유일한 존재자에 연관되지 않은 서로 다른 실체들이 존재했더라면 그것
들의 통일은 불가능할 것이다. 왜냐하면 우리들은 다음의 사실을 명백하게 알기 때
문이다. 즉 그것들은 전적으로 공통적인 것을 아무것도 가지고 있지 않다. 그런데
도 우리들을 구성하는 사유와 연장(cogitatio et extensio)의 경우도 하나의 유일한
존재자에 연관되어 있는 것은 이와 마찬가지이다.

7 곧 어떤 실체도 존재하는 것 이외의 다른 것일 수 없다면, 실체가 그 자체로 고찰될
경우 그렇지만 어떤 실체의 존재도 그것의 본질로부터 생길 수 없다면, 다음의 결
과가 생긴다. 즉 실체는 독립적인 어떤 것이 아니고 어떤 것, 곧 또 다른 어떤 것의,
말하자면 하나의 유일하고 보편적인 존재자의 속성이지 않으면 안 된다. 또는 다음
과 같다. 즉 모든 실체는 현존하며, 어떤 실체가 그 자체로 고찰될 경우 그것의 존
재는 그것의 본질로부터 따라 나오지 않는다. 그러므로 어떤 현존하는 실체도 그
자체에 의해서 파악될 수 없고, 다른 어떤 것에 속하지 않으면 안 된다. 곧, 만일 우
리들이 우리들의 지성으로 실체적인 사유(cogitatio)와 실체적인 연장(extensio)을
생각한다면 우리들은 그것들은 단지 그것들의 본질에서 생각하는 것이고 그것들의
존재를 고찰할 것은 아니다. 곧 그것들의 존재는 필연적으로 그것들의 본질에 속한
다. 그렇지만 실체가 신의 속성이라는 것을 우리들이 증명할 때 그렇게 함으로써
우리들은 그 실체가 존재한다는 것을 선천적으로(a priori) 증명한다. 그리고 후천
적으로(a posteriori)는 오직 연장(延長)에만 연관해서 실체의 양태들로부터(ex

사실이 필연적으로 따라 나온다. 즉 어떤 원인으로부터도 생기지 않았는데도 존재하는 것으로 우리들이 아는 자연은 필연적으로 완전한 존재자(ens perfectum)이지 않으면 안 되는데 그것에 존재(existentia)가 속한다.

우리들이 지금까지 말한 모든 것으로부터, 연장(延長)을 신의 속성(屬性)으로 주장한다는 것은 명백하다. 그러나 이러한 사실은 완전한 존재자에게 전혀 적절할 수 없는 것으로 여겨진다. 왜냐하면 연장(extensio)은 분할이 가능하여 그 경우 완전한 존재자가 부분들로 성립될 수 있기 때문이다. 신은 단순한 존재자이기 때문에 이러한 주장은 단연코 신에게 적용될 수 없다. 더 나아가서 만일 연장(延長)이 분할된다면 연장은 수동적(patiens)이다. 또한 신은 결코 수동적이지 않고, 신은 모든 것들의 제1작용인(omnium prima causa efficiens)이기 때문에 다른 어떤 존재자의 영향을 받지 않으므로 앞의 경우는 결코 성립할 수 없다.

이에 대해서 우리들은 다음처럼 대답한다. 1. 전체와 부분들은 참답거나 또는 현실적인 존재자들(entia vera vel actualia)이 아니다. 따라서 자연 안에는[8] 전체도 없고 부분들도 없다. 2. 서로 다른 부분들로 구

---

modis) 그 실체가 존재한다는 것을 증명한다. 왜냐하면 양태들은 필연적으로 저 연장된 실체를 주체 대상(subjektum)으로 가지지 않으면 안 되기 때문이다.

8 자연 안에(in Natura), 곧 실체적인 연장 안에(in extensione substantiali) 만일 이 것이 분할된다면, 이것의 본성과 본질은 한꺼번에 소멸될 것이다. 왜냐하면 이것은 똑같은 것이지만 무한한 연장(延長) 또는 전체가 바로 이것이라는 사실 안에서만 성립하기 때문이다. 그런데 당신은, 모든 양태들에 앞서서(ante omnes modos)연장 안에는 부분들이 존재하지 않는가라고 물을 것인가? 나는 결코 그렇지 않을 것이라고 말한다. 그러나 당신은 다음처럼 말할 수 있다. 즉 물질 안에 운동이 존재하기 때문에 운동은 물질의 어느 부분 안에 존재하지 않으면 안 된다. 왜냐하면 전체는 무한하므로 운동은 전체 안에 존재할 수 없기 때문이다. 운동 외부에 아무것도 없을 경우 운동은 어디로 움직일 것인가? 그러므로 운동은 부분 안에 존재하지 않

성된 사물은, 그 부분들을 따로 떼어 놓고 볼 경우, 그 사물의 한 부분이 다른 부분 없이 생각되고 이해될 수 있을 정도가 아니면 안 된다. 예컨대 수많은 다양한 톱니바퀴들, 끈들 및 다른 것들로 구성된 시계를 보자. 나는 다음처럼 말한다. 시계 안에서 각각의 톱니바퀴, 끈 등등이 시계에 필요한 전체적인 구성요소 없이도 따로따로 생각되고 이해될 수 있다. 마찬가지 이유로 곧고 둥근 입자들로 구성된 물의 경우에 있어서도 물의 각 부분은 생각되고 이해될 수 있으며 또한 전체 없이도 성립할 수 있다. 그러나 실체(substantia)인 연장에 대해서 우리들은 그것이 부분들을 가지고 있다고 말할 수 없다. 왜냐하면 연장은 더 적게도 또 더 크게도 생각될 수 없으며, 연장의 어떤 부분들도 따로 떨어져서 생각될 수 없을 것이기 때문이다. 그 이유인즉 연장은 자기 본성에 따라서 무한하지 않으면 안 되기 때문이다. 그러나 연장이 그러한 것이 아니면 안 된다는 것은 다음의 사실에서 알 수 있다. 말하자면 연장이 그러한 것이 아니고 부분들로 구성되어 있다면 보통 언급되는 것처럼

으면 안 된다. 이에 대해서 나는 다음처럼 답한다. 즉 운동만 홀로 존재하지 않고 오직 운동과 정지(motus et quis)가 함께 존재한다. 그리고 운동은 전체 안에 있으며 전체 안에 존재하지 않으면 안 된다. 왜냐하면 연장 안에는 부분이 없기 때문이다. 그런데도 당신이 연장 안에 부분들이 있다고 말해야만 한다면 나에게 다음처럼 말해라(말한다?): 만일 그대가 전체 연장(延長)을 분할하면, 그대는 그대의 지성으로 전체 연장으로부터 잘라 내는 부분을 실제로 전체의 모든 부분들로부터 잘라 낼 수 있는가? 그리고 만일 그것이 이루어졌다면 나는 다음처럼 묻는다. 단절된 부분과 나머지 부분의 사이에는 무엇이 있는가? 당신은 ① 허공이나 또 다른 신체(vacuum vel aliud corpus)가 ② 또는 연장 자체의 어떤 것이 있고 ③ 세 번째 것은 있을 수 없다고 말하지 않으면 안 된다. 첫 번째 것은 있을 수 없다. 왜냐하면 긍정적이지만 아무런 신체도 아닌 허공이란 결코 존재하지 않기 때문이다. 두 번째 것도 없다. 왜냐하면 있다고 할 경우, 연장으로서의 연장은 모든 양태(樣態)들 없이 그리고 모든 양태들에 앞서서 있으므로, 존재할 수 없는 양태(modus)가 존재할 것이기 때문이다. 그러므로 세 번째 것이 있을 수 있다. 이 경우 연장의 어떤 부분도 존재하지 않고 하나의 분할 가능한 연장(extensio una et indivisibilia)이 존재한다.

연장은 자신의 본성에 의해서 무한하지 않을 것이다. 그렇지만 무한한 본성 안에서 부분들을 생각할 수 있다는 것은 불가능하다. 왜냐하면 모든 부분들은 자신들의 본성에 의해서 유한하기 때문이다. 여기에 다음의 사실을 첨가하자. 즉 만일 연장이 서로 다른 부분들로 구성되었다면, 연장의 어떤 부분들은 소멸된다고 해도 연장은 여전히 남아 있으며 자신의 어떤 부분들의 소멸과 함께 소멸되지 않는다고 가정하는 것은 이해할 만할 것이다. 이러한 사실은 자신의 본성에 의해서 무한한 것 안에서, 그리고 결코 제한되거나 유한할 수 없고 또는 그렇게 생각될 수 없는 것 안에서 분명히 모순된다. 더 나아가서 자연 안의 구분에 대해서(ad divisionem in natura) 이미 앞에서 말한 것처럼 우리들은 이렇게 말한다. 즉 구분은 결코 실체에서 이루어지지 않고 항상 그리고 오직 실체의 양태에서(in modo substantiae)만[9] 생긴다. 따라서 만일 내가 물을 분할하려고 한다면 나는 단지 실체의 양태만을 분할하며 실체 자체를 분할하는 것은 아니다. 실체 자체는 물에 의해서 변용(變容)되든지 아니면 다른 어떤 것에 의해서 변용되든지 간에 항상 동일한 것이다. 말하자면 분할이나 수동성은 오직 양태에서만(in modo tantum) 생긴다. 인간이 사라진다거나 아니면 소멸된다고 우리들이 말하는 것

---

9 (역주) 데카르트는 신을 제1실체라고 하고 정신(영혼)과 신체(물질)를 제2실체라고 하였다. 그러나 스피노자는 자연=실체=신이라고 보고 실체는 속성과 양태를 소유한다고 보았다. 인간은 지성의 힘에 의해서 실체의 본질을 연장(extensio)과 사유(cogitatio)의 두 속성 아래에서 파악한다고 보는 것이 스피노자의 입장이다. 그런가 하면 스피노자에게 있어서 양태는 실체의 변화로서 영혼적 현상과 아울러 신체적 현상을 말할 수 있다. 양태는 속성에서 따라 나오므로 속성으로부터 구분된다. 속성은 사유의 속성과 연장의 속성이 있다. 사유의 속성으로부터 신의 무한한 정신, 신의 자기의식, 순수자아 등이 생긴다. 연장의 속성으로부터 정지와 운동, 보편적 세계 질서 등이 생긴다. 유한한 양태는 공간적·시간적으로 제한된 실체의 현상으로 인간, 동물, 식물, 돌, 지구, 생각, 감정, 정서 등을 말할 수 있다.

처럼, 인간이 실체 자체와 연관해서가 아니라, 일정한 구성이며 자신이 의존하고 있는 실체의 일정한 양태인 한에 있어서, 바로 앞의 문장의 내용은 오직 인간에 의해서만 이해된다.

더 나아가서 우리들이 앞으로 말하겠지만 이미 우리들은, 신 이외에는 아무것도 존재하지 않는다고 그리고 신은 내재적(內在的) 원인이라고[10] 말하였다. 그런데 능동적인 것과 수동적인 것이 다를 경우 수동성은 알기 쉬운 불완전성이다. 왜냐하면 수동적인 것은 필연적으로 외부로부터 수동성을 유발한 것에 의존하지 않으면 안 되기 때문이다. 수동성은 완전한 신 안에서는 성립할 수 없다. 더 나아가서 자기 자신 안에서 작용하는 능동적인 것에 대해서 우리들은 그것을 수동적인 것의 불완전성이라고 결코 말할 수 없다. 왜냐하면 그것은 다른 것에 의해서 작용 받지 않기 때문이다. 또한 철학자들이 언명하는 것처럼 지성의 경우가 그러한데 지성은 자신의 관념들의 원인이다. 왜냐하면 지성은 내재적인 원인이다. 제아무리 지성이 자기 자신에 의해서 영향을 받는다고 할지라도 우리들은 어떤 권리를 가지고 지성이 불완전하다고 말할 수 있는가? 마지막으로 실체는 자신의 모든 양태들의 최초의 근거이기 때문에 매우 가장 적절하게 수동적인 것이라기보다 능동적인 것으로 일컬어질 수 있다. 이렇게 주의를 기울임으로써 우리들은 모든 것들을 적절하게 대답한 것으로 간주한다.

그러나 여기에서 또 다음과 같은 반박이 있다. 즉 이 신체를 움직이게 하는 제1원인(prima causa)이 존재하지 않으면 안 된다는 것이다. 왜냐하면 이 신체는 자신이 정지하고 있을 때 자기 자신을 움직일 수 없기 때문이다. 그리고 자연 안에는 운동과 정지가 존재한다는 것이 분

---

10 (역주) '내재적 원인'은 본래부터 가지고 있는 원인이므로 '선천적 원인'과 같은 의미가 있다.

명하게 드러나기 때문에 그들은 이 운동과 정지가 필연적으로 외적 원인으로부터 생기지 않으면 안 된다고 생각한다. 그러나 그것에 대해 답하는 것은 우리들에게 쉬운 일이다. 왜냐하면 우리들은 다음의 사실을 인정하기 때문이다. 즉 신체가 자기 자신의 의해서 존재하는 사물이라면 그리고 길이, 넓이 및 깊이 이외의 다른 속성들을 가지고 있지 않다면 그리고 실제로 정지해 있다면, 신체 안에는 신체 자체를 움직이게 할 아무런 원인도 없을 것이다. 그러나 우리들은 앞에서 이미 자연을 모든 속성들이 속해 있는 존재자라고 말하였다. 그러므로 자연에는 산출해야 할 모든 것을 산출하기 위해서 결여된 것은 아무것도 없다.

따라서 우리들이 신이 무엇인지에 대해 이와 같이 말한 다음에 우리들은 그의 속성(attributus)들에 대해 단 한마디로 다음과 같이 말할 것이다. 즉 우리들에게 알려진 속성들은 단지 두 가지로, 연장과 사유(extensio et cogitatio)로[11] 성립한다. 왜냐하면 우리들은, 지금 신의 고유한 속성들이라고 부를 수 있는 속성들에 대해서만 말하기 때문이다. 우리들은 그 속성들을 통해서 자기 밖에서 작용하는 신이 아니라 자기 자신 안에 있는 신을 인식한다. 그러면 우리들이 이 두 가지 속성들을 넘어서서 신의 것으로 돌리는 다른 속성들이[12] 만일 또 다른 방식으로 신에게 속한다면, 신은 자기 자신에 의해서 성립한다, 영원한, 하나의, 불변하는 등등과 같은 외적인 명칭이 되거나 아니면 그는 원인이다, 예

---

11 (역주) 앞의 (역주 9)에서도 밝혔지만 다시 한 번 스피노자의 실체, 양태, 속성에 대해서 아주 간결하게 말하자면 실체=자연=신이고 실체의 속성(attributus)은 사유(cogitatio)와 연장(extensio)이고 실체의 양태(modus)는 정신 내지 영혼(mens 또는 anima)과 신체(corpus)이다.

12 (역주) 스피노자는, 인간은 지성 능력의 한계로 인해서 정신(영혼)과 신체(물질) 두 가지 양태만을 그리고 사유와 연장의 두 가지 속성만을 알지만, 자연 안에는 무수히 많은 양태들과 아울러 무수히 많은 속성들이 존재한다고 주장한다.

정한다, 모든 것들을 지배한다와 같이 신의 작용과 관계를 가진다. 이
모든 것들은 신의 성질들이지만 우리들에게는 신이 무엇인지에 대해
아무것도 알려 주지 않는다. 그런데도 이 속성들이 어떻게 그리고 무슨
방식으로 신 안에 자리잡고 있는지에 대해 다음 장들에서 설명할 것이
다. 그러나 이것을 보다 더 훌륭하게 이해하기 위해서 그리고 더 진전
된 해명을 하기 위하여 다화로(대화로?) 구성되는 다음의 논의들을 첨
가하는 것이 좋겠다고 결정하였다.

첫 번째 대화
지성과 사랑과 이성과 욕망 사이의

사랑: 형제여 나는 다음의 사실을 안다. 즉 나의 본질과 완전성은 그
대의 완전성에 의존한다. 그리고 완전성으로부터 나의 완전성이 나오
는 동안에 그대가 파악한 대상의 완전성은 그대의 완전성이기 때문에,
나는 그대에게 청하는데, 이제 어떤 다른 것에 의해서도 제한될 수 없
고 나 또한 그 안에 포함되어 있는 최고의 완전한 존재자를 그대가 파
악했는지의 여부를 나에게 말해다오.

지성: 나에 관해 말하자면, 나는 자연을 그 전체성에 있어서 무한하
고 최고로 완전한 것 이외의 다른 것으로 고찰하지 않는다. 그러나 만
일 그대가 자연에 대해서 의심한다면 이성에게 물어 보아라. 이성은 그
대에게 말해 줄 것이다.

이성: 여기에 관한 진리를 나는 의심하지 않는다. 왜냐하면, 만일 우
리들이 자연을 제한한다면 매우 부당하게 단순한 무(無)를 가지고 자
연을 제한하지 않으면 안 되기 때문이다. 우리들은 다음처럼 언명함으

로써 이러한 부당함을 피한다. 즉 자연은 하나의 영원한 통일이고, 무한하고, 전능하며 등등이고, 곧 모든 것이 그 안에 포함되어 있다. 우리들은 자연의 부정을 무(nihil)라고 부른다.

욕망[13]: 아아 그렇지만! 통일(unitas)이 내가 자연 어느 곳에서나 보는 다수성(varietas)과 일치한다는 것은 매우 경이롭다. 그러나 어떻게? 나는 다음의 사실을 안다. 즉 사유하는 실체는 연장(延長)된 실체와[14] 아무런 공통성도 가지고 있지 않으며 서로를 제한한다. 그리고 이 두 실체들에 더하여 만일 그대가 모든 관점에서 완전한 세 번째 실체를 설정하고자 한다면, 그대가 그대 자신을 어떻게 명백한 모순에 빠뜨리는지를 살펴보라. 왜냐하면, 이 세 번째 실체가 처음의 두 실체들 밖에 자리 잡는다면 이 세 번째 실체는 저 두 실체에 속하는 모든 속성들 안에 없을 것이다. 그러나 이것은 전체의 외부에 아무것도 없는 그와 같은 전체에 있어서의 경우일 수 없다. 더 나아가서 만일 이 세 번째 실체가 전능하고 완전하다면, 그것은 자기 자신을 만들었고 다른 것이 그것을 만들지 않았기 때문에 전능하고 완전하지 않으면 안 된다.

그렇지만 자기 자신과 또한 다른 것을 다 산출할 수 있는 것은 한층 더 전능할 것이다. 그리고 마지막으로 만일 그대가 그것을 전지(全知)하다고 부른다면, 그것이 자기 자신을 알아야만 한다는 것은 필연적이다. 그리고 동시에 그대는 다음의 사실을 알지 않으면 안 된다. 즉 오직 자기 자신에 대한 인식은 다른 실체들의 인식을 동반하는 자기 자신의 인식보다 못하다. 이 모든 것들은 명백한 모순들이다. 그러므로 나는

---

13 (역주) 사랑(amor), 지성(intellectus), 이성(ratio), 욕망(cupiditas) 등은 모두 인간의 인식 능력 및 정서 능력이다.
14 (역주) 사유하는 실체와 연장된 실체 등 실체를 두 가지로 보는 입장은 데카르트의 입장이다.

사랑에게 내가 여기에서 제시하는 것으로 만족하여 휴식하기를 그리고 어떤 다른 것들도 바라보지 말기를 충고했으면 한다.

사랑: 오 치욕스러운 자여, 그대는 곧바로 나의 부패를 흘러나오게 하는 것 말고 나에게 어떤 것을 제시했는가? 왜냐하면, 만일 내가 일찍이 나 자신을 그대가 보여 준 것과 통일했더라면, 나는 그 순간부터 인류의 커다란 두 적들, 곧 증오와 후회(odium et poenitentia)에 의해서 박해 받았을 것이며 또한 어떤 때는 망각(oblivio)에 의해서도 박해 받았을 것이다. 그리하여 나는 오로지 전진하기 위해서 그리고 적들의 입을 막기 위해서 다시금 이성으로 돌아간다.

이성: 오 욕망이여, 다양한 실체들이 또한 존재한다고 그대가 말하는 것은 그르다고 나는 그대에게 말한다. 왜냐하면 나는, 자기 자신에 의해서 존재하며 다른 모든 속성들을 뒷받침하는 유일한 일자(一者: una)를 분명히 알기 때문이다. 그리고 만일 그대가, 물질적인 것과 정신적인 것에 의존하는 양태들(modi)에 연관해서 물질적인 것과 정신적인 것을 실체들이라고 부르고자 한다면, 그대는 또한 그것들이 의존하는 실체에 연관해서 그것들을 양태들이라고 부르지 않으면 안 된다. 왜냐하면 그대는 그것들을 그것들 자신에 의해서 존재하는 것으로 파악하지 않기 때문이다. 그리고 마찬가지로 의욕, 감정, 이해, 사랑 등등은 그대가 사유하는 실체라고 부르는 것의 다양한 양태들인데, 이 실체 안에서 그대는 앞의 모든 것들을 일자(一者) 안으로 가져오며 통일한다. 따라서 그대 자신의 증명들로부터 나는 다음처럼 결론 내린다. 즉 무한한 연장(延長)과 사유는 다른 무한한 속성들과 함께, 또는 그대의 말에 따르면 다른 실체들과 함께 유일하고, 영원하며, 무한한 그리고 자기 자신에 의해서 성립하는 존재자의 양태들일 뿐이다. 그러므로 이미 말한 것처럼 우리들은 이 모든 것들로부터 유일한 것 또는 그것의

외부에 아무것도 존재하는 것으로 표상할 수 없는 통일을 정립한다.

욕망: 내가 생각건대 이렇게 말하는 그대의 방식에는 매우 커다란 혼란이 있다. 왜냐하면 그대는 다음의 사실을 원하는 것처럼 여겨지기 때문이다. 즉 전체는 자신의 부분들 외부에 있는 것이거나 또는 자신의 부분들로부터 떨어져 있는 것이어야 하는데 이것은 실제로 부당하다. 왜냐하면 모든 철학자들은 한 목소리로 전체는 두 번째 관념이고 자연 안에는 인간의 사유만이 존재한다고 말하기 때문이다. 게다가 내가 그대의 예로부터 안 것처럼 그대는 전체를 원인과(totum cum causa) 혼동한다. 왜냐하면 내가 말하는 것처럼 전체는 오로지 자신의 부분들에 의해서만 구성되고 존재하기 때문이며 그리하여 그대는 사유하는 능력을 지성과 사랑 등이 의존하는 것으로 생각하게 되기 때문이다. 그런데 그대는 이것들을 결코 전체라고 부를 수 없고, 그대가 바로 조금 전에 일컬은 결과들의 원인이라고 부를 수 있다.

이성: 나는 그대가 어떻게 나에게 반대하는 그대의 모든 친구들을 소집하는가를 알며 또한 진리에 반대하는 사람들이 보통 쓰는 방법에 따라 그대의 오류 추리를 가지고 그대가 성취할 수 없었던 것을 모호한 말을 써서 얻고자 계획하고 있다는 것을 안다. 그러나 그대는 그와 같은 수단들로 사랑을 성공적으로 그대 쪽으로 이끌 수는 없을 것이다. 그대는, 원인은 결과의 기원이기 때문에, 따라서 원인은 이 수단들 밖에 존재하지 않으면 안 된다고 주장한다. 그러나 그대가 이렇게 말하는 것은 그대가 내재적(內在的) 원인이 아니라 변화하는 원인만을 알기 때문이다. 내재적 원인은 지성 자신의 관념들의 원인이 지성에 의해서 예시되는 것처럼 결코 내재적인 원인 밖의 어떤 것도 산출하지 않는다. 그래서 나는 지성의 관념들이 지성에 의존하는 한에 있어서 또는 지성에 의존하기 때문에 지성을 원인이라고 불렀다. 그리고 또 다른 한편으

로 지성은 자신의 관념들로 구성되므로 전체라고 일컬어진다. 그리하여 신 또한 자신의 작용들이나 피조물들과 관련하여 내재적 원인(causa immanens)이며 동시에 두 번째 관점으로부터 고찰할 경우 전체(totum)이다.

두 번째 대화
에라스무스와 테오필루스 사이의.
앞부분 그리고 제2부와 관련하여

에라스무스: 테오필루스여, 나는 당신의 신은 만물의 원인(omnium rerum causa)이며 동시에 그는 내재적(內在的) 원인 이외의 다른 것일 수 없다고 말하는 것을 들었습니다. 그런데 만일 신이 만물의 내재적 원인이라면 어떻게 당신은 그를 초월적 원인이라고 말할 수 있습니까? 왜냐하면 내재적 원인의 경우 그와 같은 것을 불가능하기 때문입니다.

테오필루스: 신을 초월적 원인이라고 내가 말할 때, 내가 언급한 것은 오직 신이 다른 조건들 없이 단지 자신의 존재에 의해서만 직접적으로 산출한 사물들에 연관해서입니다. 그러나 당신이 내 말에서 분명히 알아들을 수 있는 것처럼 결코 나는 신을 단적으로 초월적 원인이라고 일컬은 것은 아니며 어떤 관점에서 볼 때 신을 보다 더 먼 원인(causa ulterior)[15]이라고 말했기 때문입니다.

에라스무스: 이제 나는 당신이 말하려고 하는 것을 충분히 이해합니

---

15 (역주) 보다 더 먼 원인(causa ulterior)이란 현상세계의 물질적 원인이 아니고 만물의 원인으로서 현상 개별 존재자를 산출한 초월적 존재자로서의 원인을 일컫는다.

다. 그러나 나는 또한 당신이 다음처럼 말한 것에 주의합니다. 즉 내재적 원인의 결과는 자신의 원인과 통일된 채로 남아서 함께 하나의 전체(unum totum)를 만든다는 것입니다. 만일 그렇다면 신은 아무런 내재적 원인(causa immanens)일 수 없다고 생각합니다. 왜냐하면, 만일 신과 신이 산출한 것이 함께 하나의 전체를 만든다면, 당신은 또 다른 시간보다 특정한 시간에 신에게 보다 더 많은 본질이 속한다고 볼 것입니다. 당신에게 원하건대 이러한 의심을 나에게서 제거해 주세요.

테오필리우스: 에라무스여, 만일 당신이 이러한 혼란을 벗어나고자 한다면, 내가 지금 당신에게 말하려고 하는 한 가지를 곰곰이 생각해 보세요. 어떤 사물의 본질은 다른 사물과 통일하여 전체를 구성하는데 그런 통일에 의해서 증가하지 않습니다. 반대로 어떤 사물의 본질은 변화하지 않고 남아 있습니다. 당신이 나를 보다 더 잘 이해할 수 있도록 당신에게 한 가지 예를 제시하겠습니다. 어떤 조각가가 나무를 가지고 인간 신체의 부분들에 유사한 다양한 형태들을 만들었습니다. 그는 인간의 가슴 형태를 가진 한 부분을 인간의 머리 형태를 가진 다른 부분과 함께 결합하여 인간 신체의 상부를 표현하는 하나의 전체를 만듭니다. 그러므로 당신은, 머리가 가슴과 결합했기 때문에 머리의 본질이 증가되었다고 말할 것입니까? 그렇게 말한다면 그것은 잘못입니다. 왜냐하면 머리의 본질은 이전과 동일하기 때문입니다. 한층 더 명백하게 하기 위해서 또 다른 예, 말하자면 다음과 같은 관념을 당신에게 제시하겠습니다. 즉 나는 삼각형에 대한 관념을 가지며 또한 각들 중 한 각의 연장에서 생기는 또 다른 관념을 가집니다. 여기에서 연장에 의해서 생긴 각은 필연적으로 반대편에 놓여 있는 두 내각(內角)과 동일하며 등등입니다. 내 말에 의하면 이 관념들은 새로운 관념을 말하자면 삼각형의 세 각은 2직각이라는 것을 산출했습니다. 이 새로운 관념은 첫 번

째 관념과 통일되어 있어서 첫 번째 관념이 없으면 성립할 수도 없으며 파악될 수도 없습니다. 다음의 사실을 잘 주목하세요. 비록 이 새로운 관념이 선행하는 관념과 통일된다고 할지라도 선행하는 관념의 본질은 전혀 변하지 않고, 그대로 남아 있습니다. 똑같은 것을 당신은, 자체 안에서 사랑을 선출하는 각각의 관념에서도 볼 수 있습니다. 왜냐하면 이 사랑은 어떤 식으로도 관념의 본질을 증가하도록 작용하지 않기 때문입니다. 그러나 왜 그토록 많은 예들을 제시하는가 하면 내가 설명하여 온 그리고 우리들이 지금 논의하고 있는 주제에서 당신이 관념의 본질을 알 수 있도록 하기 위해서입니다. 나는 다음의 사실을 분명하게 언급했습니다. 즉 어떤 다른 원인에도 의존하지 않으며 그 정의(定意)가 아무런 유(類)도 필요로 하지 않는 모든 속성들은 신의 본질에(ad Dei essentiam) 속합니다. 그리고 창조된 사물들은 속성을 정립할 능력이 없기 때문에, 제 아무리 그것들이 긴밀하게 신과 통일된다고 할지라도 그것들은 신의 본질을 증가시키지 못합니다. 다음의 사실을 더 첨가합시다. 즉 전체는 오직 이성적인 것이며(totum ens rationis tantum sit) 보편적인 것과는 오직 다음과 같은 사실 안에서만 차이가 납니다. 즉 보편적인 것은 다양하고 통일되지 않은 개별들로 형성되지만 전체는 다양하면서도 통일된 개별들로 형성됩니다. 또한 보편적인 것은 오직 동일한 유(類)의 부분들을 파악하지만 전체는 동일한 유(類)와 아울러 또 다른 유(類)의 부분들을 파악합니다.

에라스무스: 당신이 앞에서 말한 것은 나를 만족시켰습니다. 그러나 이것에 더해서 당신은 또한 내재적 원인의 결과는 그것의 원인이 지속하는 동안에는 소멸될 수 없다고 말했습니다. 이것은 내가 잘 아는 것처럼 참답습니다. 그러나 만일 이렇다면, 많은 사물들이 소멸하는 것을 알 경우 신은 어떻게 만물의 내재적 원인일 수 있습니까? 앞에서의 당

신의 구분에 따라서 당신은, 신은 실제로 그의 속성들만을 제외하고 어떤 다른 조건들도 없이 자신이 직접 산출한 결과들의 원인이고, 이 결과들은 자기들의 원인이 지속하는 한 소멸될 수 없지만, 그 존재가 신에게 직접 의존하지 않는 결과들에 대한 내재적 원인을 당신은 신이라고 부르지 않는다고 말할 것입니다. 그러나 신 없이 그리고 신의 외부에서는 그 결과들의 원인들이 작용하지 않고 또 작용할 수 없다는 것을 제외하고 그 결과들은 어떤 다른 것에 의해서 존재하게 되었다고 당신은 말할 것입니다. 그리고 또한 당신은 이러한 이유로 인하여 그 결과들은 신에 의해서 직접 산출되지 않았기 때문에 소멸될 수 있다고 말할 것입니다. 그러나 이것은 나를 만족시키지 못합니다. 왜냐하면 나는 당신이 다음처럼 결론 내리는 것을 알기 때문입니다. 즉 인간의 지성(humanus intellectus)은 신이 자기 자신 안에서 산출한 산물이기 때문에 불멸한다는 것입니다. 그런데 그와 같은 지성을 산출하기 위해서 신의 속성들 이상의 것이 필요했다고 하는 것은 불가능합니다. 왜냐하면 그와 같은 최상의 완전성을 가진 존재자가 되기 위해서는 그러한 존재자가 신에게 직접 의존하는 다른 모든 것들과 마찬가지로 영원히(ab aeterno) 창조되지 않으면 안 되었기 때문입니다. 내가 잘못 듣지 않았다면 나는 당신이 그렇게 말하는 것을 들었습니다. 만일 그렇다면 아무런 난점도 남겨 놓지 않고 당신은 어떻게 그것을 설명하겠습니까?

테오필루스: 에라스무스여, 다음의 사실은 참답습니다. 즉 존재하기 위해서 신의 속성들 이외에는 다른 어떤것도 필요로 하지 않는 것들은 신에 의해서 직접 창조된 것들로서 영원히 창조되었습니다.[16] 그렇지만

---

16 (역주) 영원으로부터(ab aeterno) 창조되었다는 것은 영원히 창조되었다는 것으로서 어떤 특정한 물리적 시간에 창조되지 않았다는 것을 뜻한다. 스피노자는 자연 만물＝실체＝신이라고 보기 때문에 신의 창조는 영원으로부터의 (영원한) 창

다음의 사실을 주목하여야 합니다. 즉 비록 어떤 사물이 존재할 수 있기 위해서는 특수한 변용(變容)과 신의 속성 이외에 어떤 사물이 요구된다고 할지라도 신은 어떤 사물을 직접 산출할 수 있기를 중지하지 않는 것입니다. 왜냐하면 사물들을 존재하도록 하기 위해서 요구되는 필요한 사물들 중에서 어떤 것들은 사물을 산출하기 위해서만 존재하며 또 다른 것들은 사물이 산출될 수 있기 위해서 존재합니다. 예컨대 나는 어떤 방 안에 빛이 있기를 원합니다. 나는 빛을 밝히고 이 빛은 그 자체를 통해서 방을 밝힙니다. 또는 나는 창문을 엽니다. 이제 여는 행동 자체는 빛을 주지는 않지만 그것은 여전히 빛을 방으로 들어오게 합니다. 마찬가지로 어떤 신체를 운동하게끔 하기 위해서는 다른 신체가 요구되는데, 이 다른 신체는 자신으로부터 다른 것으로 이동하는 모든 운동을 가질 것입니다. 그러나 우리들 안에서 신의 관념(Dei idea)을 산출하기 위해서는 우리들 안에서 산출되는 것을 가질 또 다른 특별한 사물이 필요 없고 단지 신을 직접적으로 표현하기 위해서 필요한 관념을 가진 자연 안의 그와 같은 신체만 필요합니다. 당신은 또한 이러한 것을 내 말에서 알아들었을 것입니다. 왜냐하면 나는 다음처럼 말했기 때문입니다. 즉 신은 오로지 자기 자신에 의해서만 인식되고 어떤 다른 것에 의해서도 인식되지 않습니다. 그렇지만 나는 당신에게 다음처럼 말합니다. 즉 우리들로 하여금 신 이외의 어떤 것을 사랑하는 것을 불가능하게 할 정도로 우리들을 신과 통일시키는 그러한 신에 대한 명석한 관념을 우리들이 가지지 못하는 한 우리들은 신과 통일되어 있고 직접 신에게 의존한다고 말할 수 없습니다. 그리고 아직 계속해서 당신이 묻고 싶은 것은 다른 시간으로 미룹시다. 나는 지금 다른 문제들에 관

조라고 하는 것이다.

여할 상황이 되었습니다. 안녕히 계십시오.

에라스무스: 지금은 내가 들을 것이 아무것도 없습니다. 그러나 나는 다음 기회가 올 때까지 바로 당신이 나에게 말한 것에 전념할 것입니다. 그동안 신이 당신과 함께 하기를 바랍니다.

3

신은 만물의 원인이다

이제 우리들은 고유성들(Propria)이라고[1] 일컬어지는 신의 속성들을 살펴보기 시작할 것이다. 그리고 무엇보다도 먼저 어떻게 신은 만물의 원인인지를 살펴볼 것이다.

그런데 우리들은 이미 앞에서 하나의 실체는 다른 실체를 산출할 수 없으며, 신은 그것에 대해서 모든 속성들이 진술되는 존재자라는 것을 말했다. 이로부터 다음의 사실이 명백히 따라 나온다. 즉 다른 모든 것들은 신을 떠나서 또는 신의 외부에서 결코 존재할 수 없거나 또는 이해될 수 없다. 그러므로 우리들은 모든 근거를 가지고 신은 만물의 원인이다(Deus omnium causa esse)라고 말할 수 있다.

더 나아가서 우리들은 작용인(作用因)을[2] 여덟 부분으로 나누는 것에

---

1 다음의 속성들은 고유성들(propria)이라고 일컬어진다. 왜냐하면 그것들은 오직 형용사들로 자신들의 명사(名師)들 없이는 이해될 수 없기 때문이다. 곧 그것들이 없으면 신은 신이 아닐 것이다. 그러나 여전히 신을 구성하는 것은 그것들이 아니다. 왜냐하면 그것들은 오로지 신을 존재하게 하는 실체의 성격에 대해서 아무것도 부여하지 않기 때문이다.

2 (역주) 스피노자가 말하는 작용인은 아리스토텔레스가 존재자의 네 가지 형이상학

익숙하기 때문에 이제 우리들은 어떻게 그리고 어떤 방식으로 신이 원인인지를 탐구해 보기로 하자.

1. 우리들은 다음처럼 말한다. 즉 신은 자신의 작품들에 대한 유출적(流出的) 또는 생산적 원인이다. 그리고 작용이 존재하는 한에 있어서 신은 능동인(能動因)이거나 작용인이다. 그런데 이것들은 서로를 포함하기 때문에 우리들은 이것들을 한가지의 동일한 것으로 여긴다.

2. 신은 내재적 원인이고 결코 이행하는 원인이 아니다. 왜냐하면 그가 산출하는 모든 것들은 그 자신의 내면에 있으며, 그의 외부에는 아무것도 없으므로 그가 산출하는 모든 것들은 그의 외부에 있지 않기 때문이다.

3. 신은 자유로운 원인이고 자연적 원인이 아니다(Deus est causa libera nec naturalis). 이는 마치 신 자신이 행하는 것을 신이 생략할 수 있는지의 여부를 우리가 고찰하게 될 때 우리들이 가장 명석하게 제시하게 되는 것과 마찬가지이며, 어디에 참다운 진리가 성립하는지도 동시에 설명될 것이다.

4. 신은 자기 자신에 의한(per se) 원인이고 우연에 의한(per contingentiam) 원인이 아니다. 이것은 예정설에 대한 논의로부터 더욱더 명석하게 드러난다.

5. 신은 물질 안에서의 운동 등과 같이 자신이 직접 창조한 작품들의 주요 원인이다. 그 원인 안에는 이차적인 도구적 원인을 위한 어떤 여지도 없다. 왜냐하면 이러한 원인은 개별 사물들에 제한되어 있기 때문

적 원인을 제시한 것을 참고로 삼은 것이다. 아리스토텔레스는 존재자들의 원인을 크게 형상인(形相因) 질료인(質料因)으로 나누었고 다시 세부적으로 형상인, 질료인, 목적인, 작용인(또는 운동인) 등 네 가지로 나누었다. 형상인은 목적인과 동일하고 질료인은 작용인과 동일하므로 형이상학적 네 원인들은 결국 두 원인들로 축소될 수 있다.

이다. 이는 신이 강한 바람에 의해서 바다를 건조시킬 때와 마찬가지이
며 더 나아가서 자연 안의 모든 개별 사물들의 경우와 마찬가지이다.

이차적으로 자극하는 원인은 신 안에서 발견되지 않는다. 왜냐하면
신의 외부에는 신을 자극할 아무것도 존재하지 않기 때문이다. 다른 한
편으로 미리 설정하는 원인은 신의 완전성 자체이다. 이 완전성을 통해
서 신은 자기 자신의 원인이며 따라서 다른 모든 것들의 원인이다.

6. 우리들의 앞에서의 증명들에서 알아볼 수 있는 것처럼 신은 오로
지 제1의 또는 시작하는 원인(causa prima)이다.

7. 신은 또한 보편적 원인(causa unversalis)이지만, 오직 다양한 것
들을 산출하는 것에 연관해서만 그러하다. 이것이 결코 다르게 이야기
될 수 없다. 왜냐하면 신은 결과들을 산출하기 위해서 아무도 필요로
하지 않기 때문이다.

8. 신은 무한하고 불변하는 것들의 가장 가까운 원인(causa proxi-
ma)이며, 우리들은 그것들에 대해서 그것들이 신에 의해서 직접 창조
되었다고 말한다. 그러나 신은 어떤 의미에서 모든 개별 사물들의 먼
원인(causa postrema)이다.[3]

---

3   (역주) 신을 모든 사물들의 먼 원인이라고 하는 것은 모든 사물들의 원인을 거슬러
    올라가면 바로 궁극의 제1원인이 신이고 그는 초월적이기 때문에 신을 만물의 먼
    원인이라고 부른다.

4

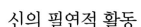

신의 필연적 활동

우리들은, 신이 자신이 행하는 것을 생략할 수 있다는 것을 부정한다. 그리고 우리들은 모든 사물들이 필연적으로 자기들의 원인에 의존한다는 것을 제시하고자 할 때, 곧 우리들이 신의 예정설(Dei praedestinatio)에 대해서 취급할 때 역시 앞의 사실을 증명할 것이다. 또 다른 한편으로 이것은 또한 신의 완전성에 의해서도 증명된다. 왜냐하면 다음의 사실은 모든 의심을 벗어나서 참다웁기 때문이다. 즉 신은 모든 것들을 자신의 관념 안에서 생각된 것처럼 완전하게 만들 수 있다. 그리고 신이 생각한 사물들은 신이 그것들을 생각한 것 이상으로 한층 더 완전하게 신에 의해서 생각될 수 없다. 그래서 만물은 신에 의해서 완전하게 만들어질 수 있으므로 모든 것들은 그보다 더 완전한 조건에서 신으로부터 생길 수 없다.[1] 다시금 신은 자신이 행한 것을 생략할 수 없

---

1 (역주) 신에 대한 스피노자의 이와 같은 주장은 "신은 완전한 존재이므로 신보다 더 이상 완전한 존재는 있을 수 없고 당연히 신이 존재한다" 또는 "신은 그 이상 더 완전할 수 없는 완전한 존재이다"라고 하는 안셀무스의 존재론적 신 존재 증명을 연상시킨다.

었다고 결론 내릴 때 우리들은 이것을 신의 완전성으로부터 연역한다. 왜냐하면 신 안에서 신이 행하는 것을 생략할 수 있는 것은 불완전성일 것이기 때문이다. 그렇지만 우리들은 신이 활동하도록 움직이게 할 수 있었던 부차적인 자극적 원인이 신 안에 있다고 가정하지는 않는다. 왜 냐하면 그럴 경우 신은 결코 신이 아닐 것이기 때문이다.

그렇지만 이제, 과연 신은 자신의 관념 안에 있으며 자신이 완전하게 실현할 수 있는 모든 것들을, 실현하기를 생략할 수 있는지 그리고 그 와 같은 생략(omittere)이 완전성인지에 대한 문제가 생긴다. 우리들은 만들어진 모든 것들이 신에 의해서 행해지기 때문에 모든 것들은 필연 적으로 신에 의해서 예정되어 있는 것이 분명하다고 말한다. 그렇지 않 다면 신은 변화 가능할 것이고 이런 사실은 신 안의 커다란 불완전성일 것이다. 그리고 신에게 있어서 이 예정은 영원히(ab aeternitate) 존재 하는 것이 분명하며 이 예정의 영원에는 이전(ante)도 그리고 이후 (post)도 없다. 그러므로 이로부터 다음의 사실이 따라 나온다. 즉 신 은 사물들이 지금 결정되어 있는 것 그리고 영원히 존재하여 온 것과 전혀 다른 방법으로 사물들을 결코 결정할 수 없었으며 또한 신은 이와 같은 결정 이전에도 존재할 수 없었고, 그리고 이와 같은 결정 없이도 존재할 수 없었다. 더 나아가서, 만일 신이 어떤 것을 행하기를 생략한 다면 그것은 신 안의 어떤 원인에서 생기거나 아니면 전혀 생기지 않아 야만 한다. 긍정적인 경우라면 신이 자신의 행동을 생략하지 않으면 안 된다는 것이 필연적이다. 부정적인 경우에는 신이 자신의 행동을 생략 해서는 안 된다는 것이 필연적이다. 이러한 사실은 그 자체로 명백하 다. 더 나아가서 창조된 사물에 있어서 신에 의해서 존재하고 산출된 것은 완전성이다. 왜냐하면 모든 불완전성 중에서 비존재(non esse)가 가장 큰 불완전성이기 때문이다. 그리고 신은 만물의 안녕과 완전성

(salus et perfectio omnium)을[2] 원하기 때문에 다음의 사실이 따라 나올 것이다. 즉 만일 어떤 사물이 존재하지 않기를 신이 원했다면 이 사물의 안녕과 완전성이 이 사물의 비존재에 있다고 생각되어야만 하는데 이것은 자기 모순적이다. 그렇기 때문에 우리들은 신이 자신이 행하는 것을 생략할 수 있다고 하는 사실을 부정한다. 어떤 사람들은 이러한 것을 신에 대한 모독으로 그리고 또 신에 대한 비하로 여긴다. 그러나 그와 같은 언명은 참다운 자유(vera libertas)를 구성하는 것에 대한 오해로부터 생긴다. 이것은 결코 어떤 사람들이 생각하는 것, 말하자면 어떤 선한 것이나 악한 것을 행하거나 아니면 생략할 수 있는 능력이 아니다. 그러나 참다운 자유는 오로지 제1원인이거나 또는 제1원인의 상태 이외의 다른 것이 아니다. 이 제1원인은 결코 다른 어떤 것에 의해서도 강제되거나 강요되지 않으며, 오직 자신의 완전성에 의해서만 모든 완전성의 원인(omnis perfectionis caus)이다. 그러므로 만일 신이 이러한 것을 행하는 것을 생략할 수 있다면 신은 완전하지 못할 것이다. 왜냐하면 어떤 선을 행하는 것을 생략할 수 있는 능력이나 신이 행하는 것 안에서 어떤 완전성을 완성하는 것을 생략할 수 있는 능력은 결여(defectum)에 의해서가 아니라면 신 안에서 일어날 수 없기 때문이다. 그러므로 신이 자유로운 유일한 원인(sola causa libera)이라는 것은 우리가 방금 말한 것으로부터 명백할 뿐만 아니라 또한 이것으로부터, 신의 외부에는 신을 강요하거나 강제할 아무런 외적 원인이 없다는 것으로부터도 명백하다. 이 모든 것은 창조된 사물들에게는 성립되지 않는다.

　이와 같은 사실에 대한 반대는 반대해서는 다음과 같이 논증된다. 즉

2　(역주) salus는 신체와 영혼의 건강, 행복, 구원, 안녕 등 여러 의미들을 함께 가지고 있다.

선이 오로지 선인 것은 신이 그것을 원하기 때문이다. 그렇기 때문에 실로 신은 물론 악을 선이 되게까지 하다. 그러나 이와 같은 추론은 내가 다음처럼 말하는 것과 똑같다. 즉 신이 신이기를 원하기 때문에 신은 신이다. 그러므로 신이 되지 않는 것도 신의 능력 안에 있는데, 이런 추론은 부당함 자체이다. 더 나아가서 만일 사람들이 어떤 것을 행할 경우 우리들이 그들에게 왜 그와 같은 것을 행하느냐고 묻는다면 그들은 정의(justitia)가 그렇게 하기를 요구하기 때문이라고 답한다. 그러면 왜 정의 또는 오히려 정의로운 모든 것의 제1원인이 그와 같은 요구를 하느냐고 묻는다면, 답은 분명히 정의가 그것을 그렇게 하기를 원하기 때문이라는 것이다. 그러나 소중한 사람이여, 정의는 정의롭기를 중단할 수 있는가? 결코 그럴 수 없다. 왜냐하면 중단할 경우 정의는 전혀 정의일 수 없기 때문이다. 그러나 신은 자신이 행하는 모든 것을 그것 자체가 선하기 때문에 행한다고 말하는 사람들은, 내가 말하건대, 아마도 자기들이 우리들과 다르지 않다고 생각할 것이다. 그렇지만 차이가 매우 크다. 왜냐하면 그들은 이미 신이 의무감을 가지거나 구속될 어떤 것을 신 앞에 설정하며 또한 신은 그 어떤 것 때문에 이것이 선해야만 하며 저것이 정의로워야만 하는 것을 원하기 때문이다.

그런데 더 나아가서 만일 만물이 영원으로부터 신에 의해서 다른 방식으로 창조되었더라면 만물은 지금보다 다르게 질서 지어지고 예정되었을지의 여부에 대한 또 그러한 경우에도 신이 지금처럼 그렇게 완전할지의 여부에 대한 물음이 생긴다. 이에 대해서는 다음의 사실이 답으로 기여할 것이다. 즉 만일 자연이 지금 있는 것과 다르게 영원으로부터 창조되었다고 한다면, 신에게 의지와 지성(voluntas et intellectus)을 부여하는 그러한 사람들의 주장에 따라서 다음의 사실이 따라 나오지 않으면 안된다. 즉 신은 자신이 지금 가지고 있는 것과 다른 의지와

지성을 가지고 있지 않으면 안 될 것이고 그 결과 신은 사물들을 다르
게 만들었을 것이다. 그래서 우리들은 다음처럼 가정할 필요가 있었다.
즉 신은 그때 가졌던 성질과는 다른 지금의 성질을 가지고 있을 것이고
또 그때는 지금 가지고 있는 성질과는 다른 성질을 가지고 있었을 것이
다. 그래서 우리들이 신은 지금 가장 완전한 자라고 주장한다면, 만일
신이 모든 것들을 달리 창조했을 경우 우리들은 그가 가장 완전한 자가
아니라고 말할 수밖에 없다. 이 모든 것들은 명백한 부당함을 자기 자
신 안에 포함하고 있기 때문에, 지금과 과거와 모든 영원함 안에서 불
변하게 존재하였고 또 존재할 신에게 결코 적용될 수 없다.

　우리들은 이러한 사실을 또한 자유로운 원인(causa libera)에 대해서
우리들이 내린 정의로부터 증명하였다. 자유로운 원인은 어떤 것을 행
할 수 있거나 또는 중단할 수 있는 원인이 아니고 어떤 다른 것에도 의
존하지 않는 그러한 자유로운 원인이어서 신이 행하는 것은 무엇이든
지 행해지며 가장 자유로운 원인으로서의 신에 의해서 결과에 도달하
게 된다. 그러므로 만일 신이 이전에 사물들을 지금 있는 것과 다르게
만들었다고 한다면 신이 과거 언젠가는 불완전했다는 결론이 필히 따
라 나올텐데 이는 그르다. 왜냐하면, 신은 만물의 제1원인이므로 신 안
에 어떤 것이 있지 않으면 안되며 그 어떤 것을 통해서 신은 자신이 행
하는 것을 행하며 자신이 행하는 것을 중단하지 않는다. 그리고 자유란
어떤 것을 행하거나 또는 행하지 않는 것이 아니라고 우리들이 말하기
때문에, 또한 동시에 신이 어떤 것을 행하도록 하는 그러한 것은 신의
완전성 자체(ipsa eius perfectio) 이외의 다른 것일 수 없다는 것을 우
리들이 제시했기 때문에 우리들은 다음처럼 결론 내린다. 즉 신으로 하
여금 어떤 것을 행하게 하는 것이 신의 완전성이 아니라면 사물들은 지
금 현존하는 것으로 존재하기 위해서 성립하거나 존재할 수 없을 것이

다. 이것은 우리들이 다음처럼 말하는 것과 똑같다. 즉 만일 신이 불완전하다면 사물들은 지금 현존하는 것과는 다를 것이다.

신의 제1성질들에 대해서는 이 정도로 말하였다. 이제 우리들은 신의 제2속성으로 넘어갈 것이다. 우리들은 그것을 신의 고유성(proprium)이라고 부를 것이다. 그리고 우리들은 그것에 관해서 우리들이 무엇을 말하여야 할지를 볼 것이고 마지막까지 그렇게 진행할 것이다.

5

신의 섭리

우리들이 신의 고유성(proprium)이라고 부르는 신의 두 번째 속성은
신의 섭리(Providentia)이다. 우리는 이 섭리를 우리들이 자연 전체와
모든 개별 사물들에서 발견하는 성향(conatus)[1]일 뿐이라고 생각한다.
이 성향은 전체 자연과 개별 사물들의 유지 및 보존에 관계한다. 왜냐
하면 다음의 사실이 명백하기 때문이다. 즉 어떤 사물도 자신의 고유한
본성에 의해서 자기 자신을 파괴하려고 하지 않고 오히려 각각의 사물
을 자신의 상태에서 보존하고 개선하려는 성향을 자기 자신 안에 가지
고 있는 것이다. 그래서 우리들은 우리들의 이와 같은 정의에 따라서
보편적 섭리와 특수한 섭리(Providentia universalis et particularis)를
제시한다. 보편적 섭리는, 각각의 사물이 전체 자연의 한 부분인 한 각
각의 사물을 산출하고 보존하는 섭리이다. 특수한 섭리는 각각의 특수
한 사물이,[2] 그 자신의 존재가 자연의 한 부분으로서가 아니고 전체로

---

1 (역주) 성향(conatus)은 근원적 에너지 또는 노력의 의미를 가진다. 「에티카」에서
   스피노자는 성향이 드러나면 욕구(appetitus)가 되고, 욕구가 의식되면 욕망(cupi-
   ditas)이 된다고 한다.

서 고찰되는 한, 자신의 고유한 존재를 보존하기 위해서 가지고 있는 성향이다. 이것은 다음의 예를 통해서 설명된다. 즉 한 인간의 모든 사지는 그것이 인간의 부분들인 한에 있어서 예견되고 배려되며 이것은 보편적 섭리이다. 그리고 각각의 특수한 사지가 인간의 부분이 아니라 전체로서 자신의 고유한 안녕(valetudo)을[3] 보존하고 유지하기 위해서 가지고 있는 노력은 특수한 섭리이다.

2　(역주) 특수한 사물은 개별적 사물을 그리고 특수한 섭리는 개별적인 섭리를 말한다.
3　(역주) 안녕(valetudo)은 건강이나 행복의 의미도 가지고 있다.

6

신의 예정

세 번째 신의 고유성은 신의 예정(Praedestinatio divina)이다. 우리들은 앞에서 다음처럼 증명하였다.

1. 신은 자신이 행하는 것을 중지할 수 없다(omittere non posse agere).[1] 말하자면 신은 모든 것을 더 이상 완전할 수 없을 정도로 완전하게 창조한 것이다.

2. 그리고 더 나아가서 신 없이는 어떤 것도 존재할 수도 없고 파악될 수도 없다.

그런데 자연에는 우연한 사물들이 존재하는지의 여부를, 곧 존재할 수도 있고 존재하지 않을 수도 있는 사물들이 존재하는지의 여부를 묻지 않으면 안 된다. 더 나아가서 왜 그것이 존재하는지 물을 수 없는 어떤 사물이 존재하는지 여부를 묻지 않으면 안된다.

우연한 사물들(res possibiles)은 어떤 것도 존재하지 않는다는 것을 우리들은 다음처럼 증명한다.

---

1 (역주) 옮긴이는 omittere를 문맥에 따라서 "생략하다" 또는 "중지하다"로 옮겼다.

만일 어떤 것이 존재할 아무런 원인도 갖지 않았다면 그것이 존재한다는 것은 불가능하다. 우연한 것에는 아무런 원인도 없다. 그러므로

바로 앞에서 1인 첫 번째 것은 모든 의심을 넘어서서 있다.

바로 앞의 2인 두 번째 것을 우리들은 다음처럼 증명한다.

만일 우연적인 어떤 것이 존재하기 위한 결정적이고 확실한 원인을 가지고 있다면 그것은 필연적으로 존재하지 않으면 안된다. 그러나 어떤 것이 우연적이며 동시에 필연적으로 존재하여야만 한다는 것은 자기모순이다. 그러므로—

아마도 어떤 사람은 다음처럼 말할 것이다. 즉 실은 우연적인 것은 어떤 결정적이며 확실한 원인도 가지지 않고 우연적인 원인을 가지고 있는 것이다. 만일 그렇다면 그것은 분할된 의미에서(in sensu diviso) 아니면 복합적인 의미에서(in sensu composito) 존재하지 않으면 안 될 것이다. 말하자면 원인의 존재는 우연적이므로 그것이 원인이 아니다. 또는 실로 자연 안에 필연적으로 존재하지 않으면 안 되는 사물이 그 우연적인 사물의 발생의 원인이어야 한다는 것은 우연적이다. 그러나 이들 두 가지는 모두 그르다.

왜냐하면 첫 번째 것은, 만일 우연적인 어떤 것이 그것의 원인이 우연적이므로 우연적이라고 한다면, 이 원인은 또한 자신을 야기시킨 원인 역시 우연적이므로 우연적이지 않으면 안 되고 이렇게 무한히 계속될 것이다. 그리고 이제 이미 앞에서 하나의 유일한 원인에 모든 것이 의존한다는 것이 증명되었기 때문에 이 원인 역시 우연적이지 않으면 안 된다는 것은 분명히 그릇된 것이다.

두 번째 것에 대해서 말하자면, 만일 이 원인이 다른 것보다 어떤 것을 산출하도록 결정되지 않았다면, 곧 만일 이 원인이 어떤 것을 산출하지 않는 것이 아니라 어떤 것을 산출하는 것으로 더 이상 결정되지

않았다면 그 원인이 한꺼번에 어떤 것을 산출하며 동시에 산출하지 않으리라는 것은 불가능할 것이고 그러한 것은 자기모순이다.

앞에서 제기된 물음, 즉 우리들이 그것이 왜 존재하는지 물을 수 없는 이유가 자연 안에 존재하지 않는지의 여부에 대해서 다음의 사실을 제시한다. 즉 우리들은 어떤 원인에 의해서 사물이 존재하는지를 탐구하지 않으면 안 된다. 왜냐하면 그러한 원인이 존재하지 않는다면 그런 것이 존재하는 것은 불가능하기 때문이다.

그런데 우리들은 이 원인을 사물 안에서 아니면 사물 밖에서 찾지 않으면 안된다. 그러나 만일 어떤 사람이 이러한 탐구를 취급할 규칙에 대해서 묻는다면, 우리들은 전혀 아무런 규칙도 필요하지 않은 것으로 보인다고 말한다. 왜냐하면, 만일 존재(existentia)가 사물의 본성(na-tura)에 속한다면 우리들이 사물 밖에서 사물의 원인을 찾을 필요가 없다는 것이 확실하기 때문이다. 그러나 만일 그렇지 않을 경우 우리들은 언제나 사물 밖에서 사물의 원인을 찾지 않으면 안 된다. 그러나 첫 번째 것은 오로지 신에게만 속하기 때문에 (우리들이 또 앞에서 이미 증명한 것처럼) 그러한 사실에 의해서 신만이 만물의 제1원인이라는 것이(Deus solus omnium, primam causam esse) 증명된다. 또한 이로부터 다음의 사실이 명백하다. 즉 인간의 이러한 의지 또는 저러한 의지는 (의지의 존재는 인간의 본질에 속하지 않기 때문에) 의지를 필연적으로 야기시키는 외적 원인 역시 가지지 않으면 안 된다. 이것이 그렇다는 것은 또한 이 장에서 우리가 말한 모든 것으로부터도 명백하다. 그리고 그것은 여전히 우리들이 제2부에서 인간의 자유(hominis liber-tas)를 고찰하고 논의하게 될 때 한층 더 명백해질 것이다.

이 모든 것들에 대해서 다른 사람들은 다음과 같이 반대한다. 가장 완전하며 모든 것들의 유일한 원인이고 지도자이고 배려자로 일컬어지는 신이 그럼에도 자연 안의 도처에서 보여지는 그와 같은 혼란을 허용하는 것이 어떻게 가능한가? 그리고 또한 왜 신은 죄를 범하지 않을 수 있도록 인간을 창조하지 않았는가?

첫 번째 것에 대해서 말하자면, 자연 안에 혼란이 있다고 말하는 것은 정당하지 못하다. 왜냐하면 어느 누구도 적절히 판단할 수 있을 만큼 사물들의 모든 원인들을 알지 못하기 때문이다. 그렇지만 이러한 반대는 그들이 믿기에 개별 사물들이 완전하기 위해서, 말하자면 보편적 관념들과 일치하지 않으면 안 된다고 그들이[2] 제기하는 무지에서 생긴 것이다. 그들은 계속해서 이러한 관념들은 신의 지성 안에 있다고 주장한다. 이는 마치 플라톤의 많은 후계자들이 이성적인 것의 그리고 동물의 이러한 보편 관념들이 신에 의해서 창조되었다고 말한 것과도 같다. 그리고 비록 아리스토텔레스의 후계자들이 이 사물들이 전혀 현실적인 사물들이 아니고 오로지 이성적 존재(entia rationis)라고 말할지라도 그들은 이 사물들을 자주 실재하는 사물들로 여겼다. 왜냐하면 그들은 신의 배려가 개별 사물들로가 아니라 오로지 유(類)로만 미친다고 명백하게 말했기 때문이다. 이는 마치 신이 결코 부케팔루스(Bucephalus)에[3] 관해서가 아니라 말의 전체 유(類)에 관해서 배려를 기울인 것과도 같다. 그들은 또한 신은 개별적이며 변화하는 사물들에 대해서는 아무런 지식도 가지지 않고, 오직 불변하는 것들에 대한 지식을 가진다고 말한다. 그렇지만 우리들은 이러한 주장이 그들의 무지에 기인한다는 것을 정당하게 살펴보았다. 왜냐하면 모든 개별 사물들만이 하나의 원인을 가지며 보편적인 사물들은 하나의 원인을 갖지 않기 때문이다. 그 이유인즉 보편적인 사물들은 무(nihil)이기 때문이다. 따라서 신은

---

2 (역주) 스피노자의 이론을 반대하는 관념론자들을 지칭한다.
3 (역주) 부케팔루스(Bucephalus)는 알렉산더 대왕의 애마 이름이다.

개별 사물들의 유일한 원인이며 섭리이다. 그런데 만일 개별적 사물들이 어떤 다른 본성과 일치하지 않으면 안 된다면 그것들의 자기들의 고유한 본성과 일치할 수 없게 될 것이며 따라서 그것들이 실제로 존재하는 것이 되지 못할 것이다. 예컨대 만일 신이 모든 인간들을 마치 타락 이전의 아담처럼 창조했더라면 그는 오로지 아담만을 창조했을 것이고 베드로도 바울도 창조하지 않았을 것이다. 그런가 하면 반대로, 신이 가장 작은 것들로부터 가장 큰 것들에 이르기까지 모든 사물들에게 그것들의 본질을 부여하는 것, 또는 더 좋게 말해서 신이 모든 것을 완전하게 자기 자신 속에 가지는 것은 신에 있어서의 올바른 완전성이다.

왜 신은 인간들이 죄를 범하지 않을 수 있도록 창조하지 않았느냐는 또 다른 반대에 대해 다음처럼 말하지 않으면 안 된다. 즉 죄악에 대해서 언급되는 모든 것은 오로지 우리들의 관점으로부터만, 말하자면 우리들이 두 사물들을 서로 또는 한 사물을 상이한 관점에서 비교할 경우에 이야기되는 것이다. 예컨대 만일 어떤 사람이 시계가 종을 치고 시간을 가리키도록 정확하게 만들었을 때, 그리고 이 시계가 만든 사람의 의도와 잘 일치할 때 우리들은 시계가 훌륭하다고 말하며, 그렇지 않을 때 우리들은 시계가 나쁘다고 말한다. 그런데도 만일 오로지 시계가 불규칙하고 잘못된 시간에 종을 치게 만드는 것이 만든 이의 의도였다면 그것 역시 훌륭한 것일 수 있었을 것이다.

그러면 우리는 결과적으로 베드로가 인간의 관념이 아니라 베드로의 관념과 일치하지 않으면 안 된다고 말한다. 그리고 선(bonum), 악(malum), 죄악들(peccata)은 존재방식일 뿐이며 결코 어떤 사물들도 아니고 본질을 가진 것도 아니다. 우리들은 그러한 것을 아마도 다음에 더욱더 상세하게 증명할 것이다. 왜냐하면 자연에 존재하는 모든 사물들과 작품들(res et opera)은 완전하기 때문이다.

7

신에게 속하지 않는 속성(屬性)들

이 장에서 우리들은 보통 신의 것으로 여겨지지만 신에게 속하지 않는 속성들에[1] 대해서 말하기 시작할 것이다. 사람들은 그것들을 통해서 신을 증명하려고 하지만 그러한 추구는 헛되다. 우리들은 또한 정확한 정의(定義)의 규칙들도 고찰할 것이다.

이러한 일을 하기 위해서 우리들은 보통 인간들이 신에 대해서 가지는 상상(imaginatio)을 살피지 않고, 철학자들이 신에 대해서 우리에게

---

1 신을 형성하는 속성들에 관해서 말하자면 이것들은 무한한 실체들일 뿐인데, 각각의 실체는 무한하게 완전하지 않으면 안 된다. 이것이 필연적으로 그렇지 않으면 안 된다는 것에 대해서 명석판명한 이성(ratio clara et distincta)은 우리에게 증명한다. 그렇지만 지금까지 이 모든 무한한 속성들 중에서 오직 두 가지 속성들만 그것들의 본질에 의해서 우리들에게 알려져 있다는 것은 사실이며, 이들 두 가지 속성들은 사유와 연장(cogitotio et extensio)이다. 보통 신의 것으로 여겨지는 다른 모든 것들은 신의 속성이 아니고 모든 것들, 곧 신의 모든 속성들에 연관해서 또는 하나의 속성에 연관해서 신의 것으로 여겨질 수 있는 오직 특정한 양태들(certi tantum modi)이다. 모든 것들에 연관해서 신은 영원하고, 자기 자신에 의해서 성립하며, 무한하고, 모든 것들의 원인이며, 불변한다. 하나의 유일한 속성에 연관해서 신은 전지(全知)이고, 현명하며 등등이고(사유에 속하는 것), 다시금 신은 도처에 존재하고 모든 것을 충족시키며 등등이다(연장에 속하는 것).

말하고자 하는 것을 단지 짧게 탐구할 것이다. 이 철학자들은 신을 다음처럼 정의하였다. 즉 신은 자기 자신에 의해서 또는 자기 자신으로부터 성립하는 존재이며, 만물의 원인이고, 전능하고, 전지(全知)이며, 영원하고, 단순하고, 무한하고, 최고선이며 무한한 자비를 가지고 있고 등등이라는 것이다. 그렇지만 우리들이 이와 같은 탐구에 들어서기에 앞서서 일단 철학자들이 우리들에게 무엇을 인정하는지를 먼저 알아보기로 하자.

첫 번째로 그들은 다음처럼 말한다. 즉 신에 대한 참다운 또는 타당한 정의란 불가능하다는 것이다. 왜냐하면 그들의 의견에 따르면 유(類)와 종(種)에 의한 것이 아니라면(nisi generis et speciei) 어떤 정의도 있을 수 없기 때문이다. 그리고 신은 어떤 유의 종이 아니기 때문에 옳게 또는 타당하게 정의될 수 없다.

두 번째로 그들은 다음처럼 말한다. 즉 정의는 사물을 있는 그대로 긍정적으로 기술하지 않으면 안 되기 때문에 신은 정의될 수 없다는 것이다. 그리고 그들의 주장에 따르면 신에 대한 우리들의 지식은 긍정적일 수 없고 오직 부정적일 수 있기 때문에 신에 대한 타당한 정의(Dei definitio legitima)는 주어질 수 없다.

이외에도 그들은 다음처럼 말한다. 즉 신은 결코 선천적으로(a priori) 증명될 수 없는 것이다. 왜냐하면 그는 아무런 원인도 갖지 않기 때문이다. 그는 오직 개연적으로만(verisimiliter tantum) 또는 그의 결과들로부터만 증명될 수 있다.

그들은 이와 같은 주장으로 신에 대한 그들의 인식이 적고 미약하다는 것을 충분히 인정하기 때문에 이제 그들의 정의를 탐구해 보기로 하자.

첫 번째로, 우리들은 여기에서 우리들로 하여금 사물(말하자면 신)

이 무엇인지 알게 해 주는 어떤 속성이나 속성들을 그들이[2] 우리들에게 준다는 것을 알지 못하고, 실로 어떤 사물에 속하는 어떤 고유성이나 성질들만 우리들에게 부여한다는 것을 알지만, 그것들은 그 사물이 무엇인지를 결코 설명하지 않는다. 왜냐하면 비록 자기 자신에 의해서 존재하고(per se existere) 만물의 원인이고, 최고의 선이며 영원하고 불변하며 등등이 오직 신에게만 고유하다고 할지라도 이러한 성질들로부터 우리들은 이러한 성질들이 속하는 존재자가 무엇인지 그리고 그가 어떤 속성들을 가지고 있는지 알 수 없다.

이제는 그들이 신에게 속한다고 말하지만 신에게 속하지 않는 것들을[3] 우리들이 살펴볼 시간이다. 전지(全知)하고, 자비스러우며, 현명하고 등등의 것들은 오로지 사유하는 것의 특정한 양태들이기 때문에 그와 같은 양태들로서의 실체들 없이는 결코 존재할 수 없거나 이해될 수 없고 결과적으로 신에게 속할 수도 없다. 신은 어떤 것의 도움 없이 그리고 오로지 자기 자신에 의해서만 존재하는 존재자이다.

마지막으로 그들은 신을 최고선(summum bonum)이라고 부른다. 그렇지만 만일 그들이 그것을 가지고 이미 그들이 말한 것과 다른 것을 말하자면 신은 불변하며 만물의 원인이라는 것과 다른 것을 이해한다면 그들은 자신의 개념에서 혼란에 처해 있거나 또는 자기 자신들을 이해할 수 없는 것이다. 이러한 입장은 그들이, 신이 아니라 인간이 자신의 죄악과 악에 대한 원인이라고 생각하므로, 선과 악에 대한 그들의 오류로부터 생겨난 것이다. 이러한 입장은 이미 우리들이 증명한 것에

---

2 (역주) '그들'은 명석판명한 관념과 멀리 떨어져서 일상적 속견을 마치 합리적 증명인 것처럼 제시하는 철학자들의 무리를 일컫는다.

3 사람들이 신을 신으로서의 모든 것으로 또는 그의 모든 속성들과 연관해서 이해할 경우 이 장의 주 1을 볼것.

따라 있을 수 없으며, 그렇지 않으면 우리들은 인간 역시 자기 자신의 원인이라고 주장할 수밖에 없게 된다. 그러나 이것은 우리들이 인간의 의지(hominis voluntas)에 대해서 다루게 될 때 한층 더 명백하게 드러날 것이다.

이제 그들이 신의 인식에 있어서 자기들의 무지를 변명하고자 하는 그들의 핑계를 우리들이 해결해야 할 필요가 있다.

그들은 첫 번째로 타당한 정의는 유(類)와 종(種)으로(in genere et specie) 성립되지 않으면 안 된다고 말한다. 그러나 비록 모든 논리학자들이 이것을 인정한다고 할지라도 그들이 어디에서 그것을 가질 수 있는지 나는 알지 못한다. 그리고 확실히, 만일 이것이 사실이 아니면 안된다고 한다면 우리들은 어떤 것도 전혀 알 수 없다. 왜냐하면, 우리들이 처음으로 어떤 사물을 알 수 있게 되는 것이 유와 종으로 성립하는 정의(定義)에 의해서라면 우리들은 자기보다 높은 유를 가지지 않은 최고의 유를 결코 완전하게 알 수 없기 때문이다. 그런데 다른 모든 사물들에 대한 우리들의 인식의 원인인 최고의 유(類)가 알려지지 않는다면, 이 유에 의해서 설명되는 다른 사물들은 훨씬 더 이해되거나 알려질 수 없다. 그렇지만 우리들은 자유롭고 우리들 자신을 그들의 주장에 묶인 방식으로 고찰하지 않기 때문에 우리들은 참다운 논리학에 의해서(per veram logicam) 말하자면 우리들이 자연에서 만드는 구분에 따라서 정의의 다른 규칙들을 제시할 것이다.

우리들은 이미 다음의 사실을 알았다. 즉 속성들, 또는 다른 사람들이 그것들을 일컫는 것과 같은 실체들은 사물들이거나 아니면 보다 더 훌륭하고 고유하게 말하자면 자기 자신에 의해서(per se) 존재하는 존재자이며 따라서 자기 자신을 통해서 자기 자신을 알게 하고 드러낸다.

다른 사물들에 대해서 우리들은 다음의 사실을 안다. 즉 다른 사물들은 속성들의 양태들(attributorum modi)일 뿐이다. 이 양태들이 없으면 다른 사물들은 존재할 수도 없고 파악될 수도 없다. 그러므로 정의들은 두 가지 유(類)들이거나 또는 종(種)들이지 않으면 안된다.

1. 첫 번째 정의(定義)들은 말하자면 자기 자신에 의해서 존재하는 존재자에 속하는 속성들의 정의들이며, 이 정의들은 자신들을 더 잘 이해하게 하거나 설명하게 하는 아무런 유(類)도 그리고 어떤 것도 필요로 하지 않는다. 왜냐하면 이 정의들은 자기 자신에 의해서 존재하는 속성들로서 존재하며, 또한 자기 자신들에 의해서 알려지기 때문이다.

2. 두 번째 종류의 정의들은, 자기 자신들에 의해서가 아니라 오직 속성들에 의해서만 존재하는 사물들의 정의들인데, 이 정의들은 속성들의 양태들이며, 정의들의 유(類)로서의 속성들에 의해서 이해되지 않으면 안 된다.

그리고 이것이 정의에 대한 그들의 주장에 관해서 말할 필요가 있는 모든 것이다. 다른 주장, 말하자면 우리들은 신을 제대로 알 수 없다고 하는 것에 관한 반대에 대해서는 데카르트가 이 논문의 제1장에서 제시한 답에서 충분이 답변하였다.

그리고 세 번째 주장, 곧 신은 선천적(先天的)으로 증명될 수 없다는 것도 이미 답하였다. 신은 자기 원인(sui causa)이기 때문에 우리들은 그를 그 자신을 통해서(per se ipsum) 충분히 증명하며, 그러한 증명은 일반적으로 오직 외적 원인에만 의존하는 후천적(a posteriori) 증명보다[4] 훨씬 더 적절하다.

---

4 (역주) 앞에서도 이미 지적했지만 후천적(a posteriori) 증명은 감각 경험에 의한 (귀납법에 의한) 개연적, 통계적 증명임에 반해서 선천적(a priori) 증명은 이성에 의한(연역법에 의한) 논리적 증명이다. 전통적으로 합리론자들은 (데카르트나 스피노자도 물론) 진리를 찾고 보존하기 위해서는 이성에 의한 선천적 증명이 필수적이라고 주장한다.

8

능산적 자연

여기에서 우리들은 다른 것으로 넘어가기에 앞서 자연 전체를 간단히 능산적 자연(能産的 自然, natura naturans)과 소산적 자연(所産的 自然, natura naturata)으로[1] 나눌 것이다. 우리들이 이해하는 능산적 자연은, 우리가 그 자체를 통해서 명석판명하게 파악하는 그리고 그 자체 이외의 어떤 것도 필요로 하지 않는(지금까지 우리들이 기술한 모든 속성들처럼) 존재자, 곧 신이다. 토마스 주의자들도[2] 능산적 자연을 신으로 이해하지만, 그들이 말하는 능산적 자연은 모든 실체들을 넘어서는 존

---

1 (역주) 스피노자는 실체＝자연＝신이라는 입장에서 자연을 능산적 자연과 소산적 자연으로 구분한다. 말 그대로 능산적 자연은 산출하는 자연이고 소산적 자연은 산출된 자연이다. 결국 이 두 자연은 하나의 자연인 것이다. 간단한 예로 새끼 고양이는 태어난 고양이이지만 성숙하면 새끼를 출산하는 능산적 고양이가 된다.

2 (역주) 아우구스티누스(Augustinus, 354~430)는 기독교 초기 교부(철학자)로서 플라톤(실은 플로티노스)의 철학을 근거로 삼아 기독교 신학의 주요 원리들을 제시하고 확고히 하였다. 그러나 중세 기독교 스콜라철학자인 토마스 아퀴나스(1225~1274)는 아리스토텔레스 철학을 바탕으로 삼아 기독교 신학 이론을 집대성하였다. 토마스 아퀴나스의 사상을 추종하는 이들을 일컬어 토마스주의자들이라고 부른다.

재자(ens extra omnes substantias)라고 부른다.

우리들은 소산적 자연을 두 가지로, 곧 보편적인 소산적 자연과 특수한[3] 소산적 자연으로 구분할 것이다. 보편적인 소산적 자연은 직접 신에게 의존하는 모든 양태들로 구성되는데, 이에 대해서 우리들은 다음 장에서 취급할 것이다. 특수한 소산적 자연은 보편적 양태에 의해서 생긴(a modis generalibus causantur) 모든 특수한 사물들로 구성된다. 그래서 소산적 자연은 잘 파악되기 위해서 어떤 실체를 요구한다.

---

3 (역주) 일상용어로 말하자면, 일반적인 소산적 자연(所産的 自然)과 개별적인 소산적 자연으로 소산적 자연을 나눈다는 뜻이다.

9

소산적 자연

이제 보편적인 소산적 자연에 관해서, 또는 직접 신에게 의존하거나 신이 직접 창조한 양태들이나 피조물들에 관해서 말하자면, 이것들에 대해서 우리들은 오로지 두 가지, 곧 물질 내의 운동과[1] 사유 내의 지성 (motus in materia et intellectus in cogitatione)만을 안다. 이것들에 대해서 우리들은 다음처럼 말한다. 즉 이것들은 모든 영원으로부터 존재해 왔으며 모든 영원을 향해서 불변하게 남을 것이다. 참으로 대가의 위대함에 어울리는 그러한 장대한 작품이다!

다음과 같은 모든 것은 특히 운동에 관계한다. 즉 운동은 모든 영원으로부터 존재해 왔으며 모든 영원을 향해서 불변하게 남을 것이다. 운동은 자신의 유(類)에 있어서(in genere suo) 무한하다. 운동은 그 자체에 의해서 존재할 수도 없으며 이해될 수도 없고 오직 연장(延長)에 의

---

1 (역주) 여기에서 물질 내의 운동에 대해서 언급되는 것은 심각하게 언급되지 않고 있다. 왜냐하면 저자는 이미 그가 어떤 의미에서 후천적으로(a posteriori) 행한 것처럼 여전히 그러한 운동에 대한 원인을 발견하기를 생각하고 있기 때문이다. 그러나 이러한 사실 위에는 아무것도 구축되지 않았고 또한 그 사실에 어떤 것도 의존하지 않기 때문에 이 부분은 있는 그대로 있을 수 있다.

해서만 존재할 수 있고 이해될 수 있다. 나는 다음처럼 말한다. 즉 운동은 여기에서보다 오히려 자연과학이 다루어야 더 적절하기 때문에 앞에서의 이러한 모든 것을 여기에서 고찰하지 않고, 운동은 신이 직접 창조한 아들, 산물 또는 결과라고 말하기만 할 것이다.

사유 내의 지성에 관해서 말하자면, 이것 역시 운동과 마찬가지로 영원히 신이 창조하고 또 영원히 불변하게 남아 있는 신의 아들, 산물 또는 피조물이기도 하다. 지성은 오직 하나의 기능을, 곧 영원히 모든 것들을 명석판명하게 이해하는 기능을 가진다. 이로부터 모든 것들이 행하는 것을 중지할 수 없는 무한하고 가장 완전한 만족이 불변하게 산출된다. 그리고 이것이 비록 그 자체로 충분히 명백하다고 할지라도 우리들은 다음에 영혼의 정서(animi affectus)에 대한 논의에서 더욱더 명백하게 논의할 것이다. 그러므로 여기에서는 이것에 대해 더 이상 말하지 않을 것이다.

10

선과 악은 무엇인가

선과 악(bonum et malum)이 그 자체로 무엇인지를 짧게 말하기 위해서 우리들은 다음처럼 시작할 것이다. 어떤 것들은 우리들의 지성 안에 있고 자연 안에 있지 않으므로 그것들은 오직 우리들의 작품일 뿐이고 그것들의 목적은 사물들을 명확하게 이해하는 것이다. 우리들은 이것들에 서로 다른 사물들과 연관되는 모든 관계들을 포함시키는데, 이 서로 다른 사물들을 이성의 존재자들(Entia rationis)이라고 부른다. 그런데 선과 악은 이성의 존재자들에 속하는지 아니면 현실적 존재자들(Entia realia)에 속하는지에 대한 물음이 생긴다. 그러나 선과 악은 오로지 관계일 뿐이기 때문에 이성의 존재자들 사이에 자리 잡지 않으면 안 된다는 것은 의심할 여지가 없다. 왜냐하면 다른 것처럼 그렇게 선하지 않은 또는 우리들에게 그렇게 유용하지 않은 다른 것과 관계를 맺지 않고서는 어떤 것이 선하다고 우리들은 결코 말하지 않기 때문이다. 그러므로 우리들은 다음과 같이 말한다. 즉 어떤 인간은 더 선한 사람과 비교했을 때만 악하고 또한 어떤 사과는 훌륭하거나 더 훌륭한 다른 사과와 비교했을 때 나쁘다.

만일 더 선하거나 또는 선한 것이 존재하지 않았더라면 자신과 비교해서 악한 것이라고 부를 수 있는 이 모든 것은 언급될 수 없을 것이다.

그러므로 어떤 것이 선하다고 말할 때, 우리들은 단지 그 어떤 것이 우리가 그와 같은 사물들에 대해서 가지고 있는 보편적 관념(idea generali)에 잘 어울린다는 사실을 뜻할 뿐이다. 그러나 이미 우리들이 앞에서 말한 것처럼 사물들은 자기들의 특수한 관념들과 일치하지 않으면 안 되는데, 특수한 관념들의 본질은 완전한 본질이 아니면 안 되고, 사물들은 보편적 관념들과 일치해서는 안 된다. 왜냐하면 그럴 경우 사물들은 존재하지 않을 것이기 때문이다.

우리들이 방금 말한 것을 확인하기 위해서 비록 사태가 우리들에게 매우 명백하다고 할지라도, 우리가 말한 것을 결론 내리고자 다음과 같은 증명들을 첨가하고자 한다.

자연 안에 있는 모든 것들은 사물들 내지 활동들[1](res vel actiones)이다. 그러나 선과 악은 사물들도 아니고 활동들도 아니다. 그러므로 선과 악은 자연 안에 존재하지 않는다.

왜냐하면 만일 선과 악이 사물들이거나 활동들이라면 그것들은 자기들의 정의(定義)를 가지지 않으면 안 되기 때문이다. 그러나 선과 악은 마치 베드로의 선과 유다의 악처럼 베드로와 유다의 본질을 떠나서는 아무런 정의도 가지지 않는다. 왜냐하면 이러한 본질만 자연 안에 있으며 선과 악은 베드로와 유다의 본질을 떠나서는 정의될 수 없기 때문이다.

그러므로 앞에서와 마찬가지로 선과 악은 자연 안에 존재하는 어떤 사물들이나 활동들이 아니라는 사실이 따라 나온다.

1　(역주) 사물들은 존재자들을 그리고 활동들은 운동을 가리킨다. 또한 활동들은 작용들을 의미하기도 한다.

제2부

인간과 그의 행복에 대하여

머리말

제1부에서 신에 대해서 그리고 보편적이며 무한한 것들에 대해서 말한 다음에 우리들은 제2부에서 특수하고 유한한 것들에 대해서 계속해서 논의할 것이다. 그렇지만 모든 것들은 헤아릴 수 없기 때문에 우리들은 오직 인간에 관계되는 것들에 대해서만 다룰 것이며, 그중에서도 우선 인간이 특정한 양태들로 구성되는 한 인간이 무엇인지(quid homo sit) 를 고찰할 텐데, 그 양태들은 우리들이 신 안에서 발견한 두 가지 속성 (屬性)들로 파악된다. 나는 특정한 양태들이라고 말한다. 왜냐하면 인간이 정신, 영혼[1] 또는 신체(spiritus, mens, vel corpus)로 구성되는 한

---

1 1) 우리들의 영혼(mens)은 실체거나 아니면 양태(substantia vel modus)이다. 결코 실체가 아니다. 왜냐하면 우리들은 어떤 유한한 실체도 자연 안에 존재할 수 없다고 증명했기 때문이다.

　2) 만일 영혼이 양태(樣態)라면 그것은 실체적 연장(延長)의 또는 실체적 사유(思惟)의 양태이지 않으면 안 된다. 연장의 양태가 아니다. 왜냐하면 등등…이므로, 따라서 사유의 양태이다.

　3) 실체적 사유는 유한할 수 없기 때문에 무한하고 자신의 유(類)에 있어서 완전하며 신의 속성이다.

　4) 완전한 사유는 예외 없이 실체들은 물론이고 양태들에 대한 현실적인 모든 그리

나는 결코 인간이 실체라고 생각하지 않기 때문이다. 그 이유인즉 이미

고 각각의 사물의 인식, 관념 또는 사유방식을 가지지 않으면 안 된다.

5) 우리들은 '현실적인'이라고 말한다. 왜냐하면 우리들은 여기에서 인식이나 관념 등등 또는 사유방식에 대해서 말하지 않기 때문이다. 이것들 전체는 특수한 존재 없이 자기들의 본질에서 요약되는 것과 같은 모든 존재자들의 본성을 인식한다. 우리들은 오히려 언제나 특수한 사물들이 존재하게 되는 것과 마찬가지로 특수한 사물들의 인식이나 관념 등에 대해서 말한다.

6) 우리들은 현실적으로 존재하게 되는 각각의 특수한 사물에 대한 이와 같은 인식, 관념 등을 각각의 이와 같은 특수한 사물의 영혼(mens)이라고 말한다.

7) 현실적으로 존재하게 되는 각각의 특수한 사물은 운동과 정지에 의해서 그렇게 된다. 그리고 우리들이 신체(corpus)라고 부르는 실체의 연장에 있어서 모든 양태들은 운동과 정지에 의해서 결정된다.

8) 이러한 것들의 차이들은 단지 운동과 정지의 변화하는 비율로부터 생긴다. 그 비율에 의해서 이것은 그렇고 또 그렇지 않으며, 이것은 이것이고 저것이 아니다.

9) 그와 같은 운동과 정지의 비율로부터 또한 우리들의 신체의 존재도 생긴다. 그러므로 다른 모든 것들과 마찬가지로 우리들의 신체에 대해서도 사유하는 것 안에 인식, 관념 등이 존재하지 않으면 안 된다. 그래서 이러한 관념은 우리들의 영혼이기도 하다.

10) 그렇지만 우리들의 이 신체는 태어나지 않은 태아였을 때 다른 운동과 정지의 비율을 가지고 있었다. 그리고 우리들이 죽었을 때 신체는 당연한 과정으로 다시금 다른 비율을 가질 것이고, 그럼에도 우리들의 출생 이전에 관념이 있었으며 우리들이 죽은 후에도 사유하는 것 안에는 바로 지금과 마찬가지로 우리들의 신체에 대한 인식과 관념이 있을 것이다. 그러나 결코 똑같은 관념은 아니다. 왜냐하면 지금 신체는 운동과 정지에 있어서 다른 비율을 가지고 있기 때문이다.

11) 실체적 사유에 있어서 지금 우리들의 영혼과 같은 그러한 관념, 인식, 사유방식을 산출하기 위해서 요구되는 것은 어떤 임의적인 신체가 아니고(만일 임의적 신체라면 그것은 지금의 신체와는 다르게 알려지지 않으면 안 될 것이다) 운동과 정지에 있어서 이와 같은 비율을 가지고 있는 바로 그러한 신체이고 결코 다른 신체가 아니다. 왜냐하면 신체가 존재하는 것과 마찬가지로 그렇게 영혼과 관념과 인식 등이 존재하기 때문이다.

12) 그러므로 그와 같은 신체가 우리들의 신체가 가진 이러한 비율을, 말하자면 예컨대 1로부터 3까지의 비율을 가지고 보존한다면 그러한 신체와 그것에 대응하는 영혼은 지금 우리들의 것과 똑같을 것이다. 그것은 실로 지속적으로 변화에 종속하지만 1로부터 3까지의 한계를 넘을 정도로 그렇게 심하게 종속하지는 않는다. 그러나 그 신체가 변화하는 만큼 언제나 영혼도 변화한다.

13) 그리고 우리들에게 작용하는 다른 신체들로부터 생기는 이 변화는 신체에 대응

이 책의 시초에서 우리들이 다음처럼 증명했기 때문이다.

1. 어떤 실체도 시초를 가질 수 없다.

2. 어떤 실체도 또 다른 실체를 산출할 수 없다.

3. 마지막으로 두 개의 동일한 실체들이 존재할 수 없다.

그런데 인간은 영원으로부터(ab aeterno) 존재하지 않았고 유한하며 수많은 사람들과 유사하기 때문에 결코 실체일 수 없다. 그래서 인간이 사유에 관해서 가진 모든 것은 우리들이 신에게 귀속시킨 사유라는 속성의 양태들일 뿐이다. 그리고 다시금 인간이 형태, 운동 그리고 다른 것들에 대해서 가진 모든 것은 마찬가지로 우리들이 신에게 귀속시킨 또 다른 속성의 양태들이다.

그리고 이로부터, 말하자면 실체를 구성하는 것으로 우리들 자신이 인정하는 속성들 없이는 인간의 본성이 존재할 수도 없고 이해될 수도 없다는 것으로부터 어떤 사람들이 인간은 실체라는 것을 증명하려고 할지라도 이것은 그릇된 가정 이외의 다른 근거를 가지고 있지 않다. 왜냐하면, 물질이나 신체의 본성은 이 인간 신체의 형태가 존재하기 이전에 이미 존재했으므로 그러한 본성은 인간 신체에 고유할 수 없기 때문이다. 그 이유인즉 인간이 존재하지 않았던 시간에 그러한 본성은 인간의 본성에 속할 수 없었다는 것이 분명하기 때문이다.

하여 항상 변화하며 변화를 알게 되는 영혼 없이는 일어날 수 없다. 그리고 이러한 변화에 대한 의식은 우리들이 실제로 감정(sensus)이라고 부르는 것이다.

14) 그러나 운동과 정지의 비율이 1로부터 3까지 유지될 수 없을 만큼 심하게 다른 신체들이 우리들의 신체에 작용한다면 그것은 죽음과 영혼의 무화(無化)를 의미한다. 왜냐하면 이것은 오직 이와 같은 운동과 정지의 비율을 가진 이러한 신체의 관념이나 인식 등이기 때문이다.

15) 여전히 정신(mens)은 사유하는 실체에 있어서의 양태이기 때문에 그것은 연장(延長)의 실체와 마찬가지로 이 실체를 알고 사랑할 수 있으며 언제나 동일하게 남아 있는 실체와 통일됨으로써 그것은 자기 자신을 영원하게 만들 수 있을 것이다.

그리고 그들이 근본 규칙으로서, 말하자면 어떤 사물의 본성 없이는 그 사물이 존재할 수도 없고 이해될 수도 없는 그러한 사물의 본성에 속하는 것으로서 제시하는 것을 우리들은 부정한다. 왜냐하면 우리들은 이미 신 없이는 아무것도 존재할 수 없으며 이해될 수 없다는 것을 증명했기 때문이다. 곧 신은 이 특수한 사물들이 존재하고 이해되기에 앞서서 먼저 존재하고 이해되지 않으면 안 된다. 또한 우리들은 다음의 사실도 제시했다. 즉 유(類) 개념은 정의(定義)의 본성에 속하지 않고, 오직 다른 것들 없이 존재할 수 없는 그러한 것들이며 또한 다른 것들 없이는 이해될 수 없는 것이다. 그렇다면 우리들은, 어떤 사물의 본성에 무엇이 속하는지를 알려 줄 어떤 종류의 규칙을 언명할 것인가?

그 규칙은 다음과 같다. 즉 어떤 것을 존재할 수 있게 하며 이해될 수 있게 하는 유일한 것은 어떤 사물의 본성에 속한다. 그러나 단지 그렇지 않고 판단 명제가 전도되지 않으면 안 될 정도로 곧, 술어(述語)가 그것 없이는 존재할 수도 없고 이해될 수도 없을 정도로 그 유일한 것은 어떤 사물의 본성에 속한다.

그러므로 이제 우리들은 다음 첫 장의 시초에서 인간을 구성하는 양태들에 대해서 논의하기 시작할 것이다.

1

속견, 신념 그리고 인식에 대해서

인간을 구성하는 양태(樣態)들에[1] 대해서 우리들의 고찰을 시작하기 위하여 우리들은 (1) 그것들이 무엇인지, (2) 그것들의 결과들 그리고 (3) 그것들의 원인에 대해서 말할 것이다.

첫 번째 것에 대해서는 우리들에게 가장 먼저 알려진 것들, 곧 우리들 자신의 그리고 우리들의 외부에 있는 사물들의 인식에 대한 어떤 관념들이나 의식과 함께 시작해 보자.

우리들은 이 관념들을[2] 오직 1. 신념을 통해서만 얻거나(이 신념은 소문에 의해서 생기거나 아니면 경험에 의해서 생긴다)

2. 참다운 신념을 통해서 아니면

3. 명석판명한 인식에 의해서 얻는다.

첫 번째 것은 일반적으로 오류(error)에 귀속된다.[3] 두 번째와 세 번

---

1 인간을 구성하는 양태들은 각각 자기 자신의 방식으로 대상들에 의해서 산출된 속견, 참다운 신념 그리고 명석판명한 인식으로 구별된 관념들이다.

2 이와 같은 믿음에 대한 이 관념들은 제일 먼저 다음 쪽에서 제시된다. 여기와 거기에서 이 관념들은 실제로 존재하는 것으로서 속견으로 일컬어진다.

3 (역주) 플라톤은 「국가론」의 '동굴의 비유'에서 인식의 단계를 추측(eikasia), 신념

째는 비록 그것들이 서로 다르기는 할지라도 오류를 범할 수는 없다.

이 모든 것을 어느 정도 더욱더 분명하고 이해 가능하게 만들기 위해서 3의 규칙으로부터 얻은 다음의 설명을 제시할 것이다.

어떤 사람이[4] 다음과 같은 말을 들었다. 즉 3의 규칙(regula de tribus)에서 만일 두 번째 수가 세 번째 수에 의해서 곱해지고 다음에 첫 번째 수에 의해서 나누어지면, 세 번째 수에 대해서 두 번째 수가 첫 번째 수에 대해서 갖는 관계와 똑같은 관계를 갖는 네 번째 수를 획득할 것이다. 그리고 이것을 자신 앞에 제시하는 사람은 거짓말을 할 가능성이 있음에도 그는 여전히 자신의 계산을 적절히 했으며, 마치 맹인이 색깔에 대해서 아무 인식도 가지지 못하는 것처럼 3의 규칙에 대해서 더 이상 아무런 인식도 얻지 못한 채 그렇게 행했던 것이다. 그래서 그는 그것에 대해서 말할 수 있는 것은 무엇이든지 마치 앵무새가 배운 것을 반복하는 것처럼 단순하게 반복하였다.

보다 더 민첩한 이해력을 가진 또 다른 사람은 그렇게 쉽사리 단순한 소문으로 만족하지 않고 민첩하게 계산해서 그것을 검사하며, 그리하여 그 계산이 규칙과 일치하는 것을 발견할 때 그는 규칙을 신뢰한다. 그러나 우리들은, 이러한 사람도 역시 오류에 빠져 있다고 말하였다. 왜냐하면, 그는 약간의 개별자들에 대한 자신의 경험이 모든 것을 위한 규칙으로서 자신에게 기여할 수 있다는 것을 어떻게 확신할 수 있는가라는 물음이 제기되기 때문이다.

소문은 속일 수 있기 때문에 소문으로 만족하지 않고, 약간의 개별적

(pistis), 수학적 인식(theoria), 참다운 인식(noesis)으로 구분했다. 스피노자는 인식론에 있어서는 플라톤주의자의 입장을 가지고 있다고 볼 수 있다.
4 이러한 사람은 단지 속견만 형성하거나 또는 보통 사람들이 말하는 것처럼 소문을 통해서만 믿는다.

인 것들에 대한 경험은 규칙으로서 기여할 수 없기 때문에 이러한 경험으로도 만족하지 않는 세 번째 사람은,[5] 적절하게 사용될 경우 결코 기만하지 않는 참다운 이성(vera ratio)에 의해서 그것들을 검사한다. 참다운 이성은 그에게 다음처럼 말한다. 즉 이 수들의 비율의 본성 때문에 사태가 그렇지 않으면 안 되며 다르게는 생길 수 없는 것이다.

그렇지만 모든 것에 대해서 가장 명백한 인식을 가지고 있는 네 번째 사람은[6] 소문이나 경험 또는 논리적 작업(logica opus)을 필요로 하지 않는다. 왜냐하면 그는 자신의 직관(intuitio sua)에[7] 의해서 그와 같은 모든 계산에 있어서의 비율을 직접 알기 때문이다.

---

5 이러한 사람은 참다운 신념을 통해서 확신한다. 참다운 신념은 결코 그를 기만할 수 없으며, 그는 믿는 자로 적절하게 일컬어진다.

6 그러나 이 마지막 사람은 단지 속견을 가진 사람도 아니고 단순히 믿는 사람도 아니고, 어떤 다른 것에 의해서가 아니라 사물들 자체를 통해서 사물들 자체를 안다.

7 (역주) 서양 철학사에서 스피노자는 분명히 합리주의자로 등장하지만 넓은 의미에서 보면 그는 직관주의자라고 할 수 있다.

2

속견, 신념 그리고 명백한 인식은 무엇인가

이제 우리들은 앞장에서 우리들이 언급한 다양한 종류의 인식의 결과
들에 대해서 논의할 것이다. 그리고 논의를 진행하면서 우리들은 속견,
신념 그리고 명백한 인식(opinio, fides et cognitio clara)이[1] 무엇인지
를 말할 것이다.

　첫 번째 것을 우리들은 속견이라고 부른다. 왜냐하면 그것은 오류에
귀속되어 있으며 우리들이 확신하고 있는 것에서는 결코 존재하지 않
고, 우리들이 추측하고 짐작한다고 사람들이 말하는 것에서 존재하기
때문이다.

　두 번째 것을 우리들은 신념이라고 부른다. 왜냐하면 우리가 오직 이
성으로만(sola ratione) 파악하는 것들은 우리들에게 알려지지 않고,
우리들의 지성의 확신을 통해서 그것이 그렇지 않으면 안 되고 달라서
는 안 된다는 것이 우리들에게 알려질 뿐이기 때문이다. 그러나 우리들
은 이성에 의해서 우리가 확신하는 것으로부터가 아니라 사물 자체에

1　(역주) fides는 일반적으로 신앙의 뜻을 가지고 있지만 믿음, 신뢰, 약속, 기독교적
　신앙, 보증, 확실성 그리고 신념 등의 의미도 가지고 있다.

대한 우리들의 감정과 향유(享有)로부터 생기는 것을 명백한 인식이라고 부른다. 그리고 그것은 다른 것들을 훨씬 능가한다.

이러한 사실을 미리 말한 다음에 이제 다양한 인식의 결과들로 눈을 돌려 보자. 이것들 중에서 우리들은 첫 번째 것으로부터 훌륭한 이성에 반대되는 모든 정념들(omnes passiones)이 생긴다는 것을 언급한다. 두 번째 것으로부터는 선한 욕구들(bonos appetitus)이[2] 생기며, 세 번째 것으로부터는 자신의 모든 파생물들을 가진 참답고 성실한 사랑이 생긴다.

그래서 우리들은 영혼 안에서 모든 정념들의 가장 가까운 원인으로서 인식을 주장한다. 왜냐하면 우리들은 앞에서의 어떤 방법이나 방식으로도 생각하지 못하며 알지도 못하는 어떤 사람이 사랑을 향해서 또는 욕망을 향해서 또는 다른 방식의 의지를 향하여 자극받을 수 있다는 것은 전적으로 불가능하다고 여기기 때문이다.

---

2 (역주) 스피노자는 「에티카」 3, 4부에서 정서(정념)를 논의하는데, 정서의 근원은 노력 내지 성향(conatus)이고, 이것이 정신과 신체에 관계할 경우 충동 내지 욕구(appetitus)가 되며, 인간이 욕구를 의식하면 그것은 욕망(cupiditas)이 된다. 스피노자의 욕망이론은 이미 「신과 인간과 인간의 행복에 대한 짧은 논문」에서 확실한 윤곽을 잡고 있다.

3

정념의 원천; 속견에서 생기는 정념

여기에서 우리들은, 이미 우리들이 말한 것처럼 어떻게 정념들(passio-nes)이 속견으로부터 자기들의 근원을 이끌어 내는지 알아보기로 하자. 이것을 훌륭하고 이해할 수 있게 하기 위해서 어떤 특수한 정념들을 취할 것이고, 이 정념들을 실례(實例)로 사용하여 우리의 말을 증명할 것이다.

첫 번째 것은 경악(admiratio)이다. 이것은 첫 번째 방식으로 사물들을 인식하는 사람에게서 발견된다. 그 이유는 다음과 같다. 그는 약간의 특수한 것들로부터 보편적인 결론을 이끌어 내기 때문에, 짧은 꼬리를 가진 양밖에 보지 못한 사람이 긴 꼬리를 가진 모로코산 양을 보고 놀라는 것처럼 어떤 것이 자신의 결론에 어긋나는 것을 볼 때마다 경악한다.[1] 그래서 사람들은 다음과 같은 농부에 대해서 이야기한다. 이 농

---

[1] 이것은 결코 형식적 추리가 언제나 경악을 선행하지 않으면 안 된다는 의미로 받아들여서는 안 될 것이다. 반대로 형식적 추리는 그런 것 없이도, 말하자면 우리들이 어떤 사물이 항상 그렇다고 말없이 믿을 때도 존재하며 우리가 습관적으로 그것을 보고, 듣고 또는 그것에 대해서 생각하는 것과 다르지 않다. 예컨대 아리스토텔레스는 '개는 짖는 동물이다'라고 말한다. 따라서 그는 '짖는 것은 무엇이든지 개이

부는 자기의 목초지 이외에는 다른 목초지들이 없으리라고 확신하고
있었는데 소를 잃게 되자 멀리 가서 소를 찾으면서 자기의 목초지보다
훨씬 더 넓은 목초지들을 보고는 경악하였다. 그런데 이것은 자기들이
있는 이 목초지나 작은 세계 이외에는 다른 세계들을 보지 못했기 때문
에 더 이상 다른 세계들이 없다고 확신하는 다수의 철학자들의 경우인
것이 또한 분명하다. 그러나 참다운 추리(vera conclusio)를 도출해 내
는 사람은 결코 경악을 느끼지 않는다. 이것이 첫 번째 것이다.

두 번째 것은 사랑(amor)이며 이것은

1. 소문으로부터(ex auditu) 생기거나 또는

2. 속견으로부터(ex opinione) 생기거나 또는

3. 참다운 관념으로부터(ex veris ideis) 생긴다.

첫 번째 것에 대해서 말하자면, 아버지가 이것이나 그것이 좋다고 말
할 때 보통 아버지에 대한 아이들의 태도처럼 아이들은 아버지가 말하
는 것에 대해 더 알지 못하지만 또한 아버지의 말에 편들고 있는 것을
우리들은 주목한다. 이는 마치 조국애로 자기들의 목숨을 바치는 사람
들의 경우와 마찬가지이다. 그리고 마지막으로 오로지 어떤 것에 대한
소문을 통해서 그것을 사랑하게 되는 모든 사람들의 경우도 마찬가지
이다.

다' 라고 결론 내린다. 그러나 어떤 농부가 개를 말할 때 그는 말없이 바로 아리스
토텔레스가 자신의 정의(定義)를 가지고 행한 것과 똑같은 것을 의미한다. 그러므
로 농부는 짖는 것을 들을 때 개라고 말한다. 그래서 어떤 다른 종류의 동물이 짖는
것을 듣는다면 아무런 명백한 추리도 도출해 내지 않은 농부는 바로 추리를 도출해
낸 아리스토텔레스처럼 경악할 것이다. 더 나아가서 우리들이 이전에 결코 생각하
지 않은 어떤 것에 대해서 우리가 알게 될 때, 그것은 전체로서든지 아니면 부분으
로서든지 간에 실제로 우리들이 이전에 알지 못했던 것이 아니다. 단지 그것은 모
든 관점에서 그렇게 구성되지 않았거나 또는 우리들이 똑같은 식으로 결코 영향 받
지 않았을 뿐이다.

두 번째 것에 대해서 말하자면, 어떤 사람이 어떤 선(善)을 보거나 또는 본다고 생각할 때마다 그가 항상 자신을 그것과 통일하려는 경향을 가진다는 것은 확실하다. 그리고 그가 그러한 경향에서 주목하는 선(善) 때문에 그는 어떤 것도 그 이상 더 선하거나 편할 수 없다고 생각하여 그것을 최선의 것으로 선택한다. 그렇지만 그 경우에 가장 잘 일어나는 것처럼 만일 그가 현재 알고 있는 선보다 다른 선을 더 잘 알게 되는 일이 생긴다면 그의 사랑은 첫 번째 것으로부터 두 번째 것으로 직접 변한다. 우리들은 인간의 자유에 대한 논의에서(in tractatu hominis libertate) 이 모든 것들을 한층 더 명백하게 증명할 것이다.

세 번째 것, 곧 참다운 관념들로부터 생기는 사랑에 대해서는 지금 말할 때가 아니기 때문에 지금 우리들은 그냥 지나쳐 갈 것이다.

증오(odium)는 사랑의 반대인데 그것은 속견의 산물인 오류로부터 생긴다. 왜냐하면 한사람이 어떤 것이 선하다는 결론에 도달했는데 다른 사람이 똑같은 것을 손상시킬 때 앞 사람의 내면에는 그것을 행한 사람에 대한 증오가 생기며 우리들이 나중에 설명하게 될 것처럼 만일 참다운 선이 알려진다면 이러한 일은 결코 일어날 수 없을 것이다. 왜냐하면 참다운 선에 비해서 실로 존재하는 또는 생각되는 모든 것은 오직 비참함 그 자체일 뿐이기 때문이다. 그리고 비참한 것을 사랑하는 그러한 사람은 증오의 대상이기보다는 훨씬 더 연민을 받아야 할 대상이 아닌가?

증오는 결국 또한 소문으로부터만 생긴다. 이는 마치 우리들이 유대인과 기독교인에 대한 터키인에게서[2] 그리고 터키인과 기독교인에 대한 유대인에게서 그리고 유대인과 터키인 등등에 대한 기독교인에게서

---

2 (역주) 터키의 이슬람교도들을 말한다.

일어나는 것과도 같다. 이 모든 것들 중에서 한 집단의 종교와 도덕은 다른 집단들의 종교와 도덕에 대해서 얼마나 무지한가!

욕망(cupiditas)에 대해서 말하자면, 그것은 (어떤 사람이 원하는 것과 마찬가지로) 사람들이 결여하고 있는 것을 얻으려는 욕구로 인해 생기거나 아니면 (마치 또 다른 사람들이 원하는 것처럼)³ 우리들이 지금 이미 향유하고 있는 것들을 유지하고자 하는 욕구로 성립한다. 그래서 우리들은 욕망이 선의 형태 아래에서(sub specie boni)와 달리 어떤 사람에게 생겼다는 사실을 결코 발견할 수 없다는 것은 확실하다. 그래서 다음의 사실이 명백하다. 즉 욕망은 이미 우리들이 말한 사랑과 마찬가지로 첫 번째 방식의 인식에서 생긴다. 왜냐하면, 어떤 사람이 어떤 것에 대해서 그것이 좋다는 말을 들으면 그것에 대한 욕구가 생기기 때문이다. 이는 마치 우리들이 어떤 환자에게서 보는 것과 같다. 환자는 그의 병을 위해서 어떤 치료가 좋다고 의사가 말하는 것을 듣자마자 그것에 쏠리고 그것에 대한 욕망을 가지게 된다.

욕망은 또한 의사들의 임상에서 볼 수 있는 것처럼 경험에서 생기는데, 의사들은 수차례 특정한 치료가 좋다는 것을 발견했을 경우 그 치료를 확실한 것으로 여기는 습관이 있다.

그런데 앞의 사실들에 대해서 우리가 말한 모든 것과 똑같은 것을 모든 사람에게 명백한 것으로서 다른 모든 정념들에 대해서도 말할 수 있다. 그리고 우리들은 다음에 그 정념들 중 어떤 것이 합리적이고 또 어떤 것이 비합리적인지를 탐구하기 시작할 것이기 때문에 우리들은 지금의 주제는 그대로 놓아두고 더 이상 말하지 않을 것이다.

---

3 첫 번째 정의가 최선의 것이다. 왜냐하면, 사물을 향유할 경우 욕망은 사라지기 때문이다. 사물을 유지하도록 우리들을 자극하는 의식의 형태는 욕망이 아니라 사랑하는 것을 상실하는 데 대한 공포(metus)이다.

지금 가장 중요하지만 소수의 이 정념들에 대해서 말한 것은 다른 모든 정념들에 대해서도 역시 언급될 수 있다. 그리고 이와 함께 우리들은 속견으로부터 생기는 정념들의 주제에 대한 결론을 내린다.

4

신념으로부터 생기는 것; 그리고 인간의 선과 악

앞장에서 우리들이 어떻게 정념들이 속견의 오류로부터(ex opinionis errore) 생기는지를 증명했기 때문에 이제 여기에서는 두 가지 또 다른 방식의 인식의 결과들을 알아보기로 하자. 무엇보다도 먼저 우리들이 참다운 신념이라고[1] 부른 것의 결과를 알아보기로 하자.

---

1 신념(fides)은 다음과 같은 근거들을 바탕으로 삼은 강한 증명이다. 즉 그 근거들에 의해서 나는 내 마음 안에서 사물이 실제로 존재한다고 확신하며, 사물은 바로 그런 것으로서 내 마음 안에서 존재한다고 내가 확신하는 것처럼 나의 지성 바깥에 있다. 내가 근거들을 바탕으로 삼은 강한 증거라고 말하는 것은 그렇게 함으로써 신념을 언제나 의심스러우며 오류를 범하기 쉬운 속견으로부터 구분하기 위해서이며 동시에 근거들에 의해서 확신하지 않고 사물 자체와의 직접적인 통일에서(in immediata unione cum re ipsa) 성립하는 인식으로부터 신념을 구분하기 위해서이다. 나는 사물이 실제로 존재하며 나의 지성 바깥에 바로 그러한 것으로서 실제로 존재한다고 말한다. 왜냐하면 근거들은 이러한 사실에 있어서 나를 기만하지 않기 때문이다. 그 이유인즉, 만일 그렇지 않다면 근거들은 속견과 다르지 않을 것이다. 바로 그러한 것이다. 왜냐하면 속견은 오직 사물이 당연히 그래야 할 것을 나에게 말할 수 있을 뿐이고 사물이 실제로 무엇인지는 나에게 말할 수 없기 때문이다. 그렇지 않다면 속견은 인식과 다르지 않을 것이다. 바깥에 있다. 왜냐하면 속견은 우리들 안에 무엇이 있는지를 지적으로 향유하게 하지 않고 우리들 바깥에 있는 것을 향유하게끔 하기 때문이다.

이것은 실로 우리들에게 사물이 실제로 무엇인지를 제시하지 않고 사물이 당연히 무엇이어야만 하는지를 제시한다. 그리고 이러한 이유로 인해서 우리들은 결코 우리의 신념의 대상과 통일될 수 없다. 그래서 나는 참다운 신념이, 사물이 무엇인지가 아니고 사물이 당연히 어떠하여야 할지를 우리들에게 가르칠 뿐이라고 말한다. 이것들 두 가지 사이에는 커다란 차이가 있다. 왜냐하면, 3의 규칙으로부터 취한 예에 대해서 우리들이 주목해 본 것처럼, 비율의 도움을 받아서 어떤 사람이 두 번째 수가 첫 번째 수에 대해서 가지는 관계처럼 세 번째 수에 관계될 네 번째 수를 발견한다면, 그는 나누기와 곱하기를 사용해서 네 수들은 비례수이지 않으면 안 된다고 말할 수 있다. 그리고 비록 이것이 그렇다고 할지라도 그는 그것을 그와 상관없는 것이라고 말할 수 있다. 그러나 우리들이 네 번째 예에서 제시한 방식으로 그가 비율을 알게 될 때 그는 실제로 그 사물이 그렇다고 말한다. 왜냐하면 그 경우 그 사물은 그의 내면에 있으며 그와 상관없이 존재하지 않기 때문이다. 첫 번째 결과에 대해서는 이것으로 족하기로 하자.

참다운 신념의 두 번째 결과는, 그러한 신념이 우리들로 하여금 신을 사랑하도록 하는 보다 더 명백한 이해로 우리들을 이끌고 가며 그리하여 그 신념이 우리들 내면에 있지 않고 우리들의 바깥에 있는 사물들에 대해서 지적으로 알도록 하는 것이다.

세 번째 결과는 참다운 신념이 우리들에게 선과 악에 대한 인식을 부여하며, 억압되어야 할 모든 정념들을 우리들에게 제시한다는 것이다. 속견으로부터 생기는 정념들은 커다란 악을 범하기 쉽다고 이미 우리들이 말한 것처럼 이 두 번째 종류의 인식이 어떻게 이 정념들을 선별해내는지를 알기 위해서는 노력을 기울일 만한 가치가 있고 그래서 우리들은 그 정념들 안에서 무엇이 선이고 무엇이 악인지를 알 수 있다.

이것을 적절히 행하기 위해서 앞에서와 똑같은 방법을 사용하면서 우리들은 정념들을 면밀히 살펴보기로 하자. 그러면 그 방법에 의해서 어떤 것을 선택하여야만 하고 어떤 것을 거부하여야 할지를 알 수 있다. 그러나 이것으로 진행하기에 앞서 먼저 인간의 선과 악(hominis bonum et malum)이 무엇인지 말해 보기로 하자.

우리들은 이미 앞에서 모든 것들(omnia)은 필연적이며, 자연 안에는 어떤 선도 그리고 어떤 악도 존재하지 않는다고 말하였다. 그러므로 우리들이 인간에 관해서 원하는 것은 인간의 유(類)에 관한 것이어야만 하고 이 유는 이성적 존재(Ens rationis)일 뿐이다. 우리들이 완전한 인간의 관념(hominis perfecti idea)을 우리의 지성 안에서 파악했을 때, 우리들 자신을 검토해 보면, 그 관념은 우리들로 하여금 과연 우리들이 그와 같은 완전함을 얻을 수 있는 어떤 수단을 가지고 있는지의 여부를 알아보도록 할 것이다.

그러므로 완전성을 향해서 우리들을 진전하게 하는 모든 것을 우리들은 선이라고 부르며, 이와 반대로 완전성으로 나아가는 것을 방해하거나 또는 우리들을 완전성으로 진전시키지 않는 것을 악이라고 부른다. 만일 내가 인간에게 있어서의 선과 악에 대해서 어떤 것을 말하고자 한다면, 나는 완전한 인간을 생각하지 않으면 안 된다. 왜냐하면, 만일 내가 어떤 특수한 인간, 예컨대 아담(Adam)에게서 선과 악에 대해서 다루게 될 경우 나는 현실적인 존재(ens reale)를 이성적 존재와 혼동할 것이기 때문이다. 우리들이 결과적으로 또는 다른 기회에 제시하게 될 이유들에서 정직한 철학자는 이러한 혼동을 매우 조심스럽게 피하지 않으면 안 될 것이다. 더 나아가서 아담의 또는 어떤 다른 특수한 피조물의 목적은 오직 결과를 통해서만 우리들에게 알려지기 때문에 다음의 사실이 따라 나온다. 즉 또한 우리가 인간의 목적에 대해서 말할 수 있는 것은² 우리들의 지성 안에서 완전한 인간에 대한 지각(知覺)에 근거를 두지 않으면 안 된다. 선과 악은 단지 사유의 방식들(cogitandi modi)이므로, 우리가 말한 것처럼 인간에게 선과 악이 무엇인지와 마찬가지로 인간은 이성적 존재이기 때문에 우리들은 물론 인간의 목적을 알 수 있다.

그런데 점진적으로 핵심점에 도달하기 위해서 우리들은 앞에서 이미, 우리들의 지각으로부터(ex nostra perceptione)³ 어떻게 운동과 정념과 정신의 활동들이 생기는지를 지적했으며, 이 지각들을 네 부분으로, 곧 (1) 단순한 소문, (2) 경험, (3) 신념, (4) 명백한 인식으로 나누었다. 그런데 이 모든 것들의 결과들에 대해서 우리들이 안 것으로부터 네 번째 것, 말하자면 명백한 인식이 모든 것 중에서 가장 완전하다는 것은 확실하다. 왜냐하면 속견은 우리들을 자주 오류로 이끌고 가기 때문이다. 참다운 신념(vera fides)은 오로지 그것이 참다운 인식으로 향하는 길이기 때문에 그리고 실제로 사랑스러운 것들을 향해서 우리들을 일깨우기 때문에 선하다. 그러므로 우리들이 추구하는 궁극 목적과 우리들이 인식하는 가장 고귀한 것은 참다운 인식(vera cognitio)이다. 그러나 이 참다운 인식마저도 자신 앞에 오는 대상들과 함께 변한다. 그래서 이러한 인식과 통일되는 대상이 훌륭할수록 이러한 인식 역시 더욱더 훌륭하다. 그리고 이와 같은 이유로 인해서 가장 완전한 존재인 신과 통일되어 신을 향유하는 인간은 가장 완전한 인간이다.

그러므로 정념들에 있어서 무엇이 선하고 악한지를 알기 위해서, 이

---

2   왜냐하면 어떤 개별적인 피조물로부터도 우리는 완전한 관념을 도출해 낼 수 없기 때문이다. 그 이유인즉 이 대상 자체의 완전성은, 곧 그것이 실제로 완전한지 아닌지는 보편적인 완전한 관념이나 이성적 존재로부터가 아니고는 도출될 수 없다.

3   (역주) 여기에서 지각(perceptio)은 관념(idea)과 동일한 의미를 가지고 있다.

미 말한 것처럼 그것들을 하나씩 살펴보기로 하자. 첫 번째가 경악이
다. 이것은 무지나 아니면 편견에서 생기기 때문에 이와 같은 마음의
혼란(pertubatio)에 빠진 인간의 불완전함이다. 내가 불완전함이라고
말하는 이유는, 경악은 그 자체에 의해서는 어떤 악으로도 우리들을 이
끌고 가지 않기 때문이다.

5

사랑

우리들은 단지 어떤 것을 향유하고 그것과 통일되는 것뿐인 사랑을 사랑의 대상의 성질에 따라서 나눌 것인데, 우리들은 사랑의 대상을 향유하고 그것과 우리들 자신을 통일하려고 노력한다.

어떤 대상들은 그 자체로 덧없다(corruptibilia).[1] 다른 것들은 자기들의 원인들에 의해서 무상(無常)하지 않다. 그렇지만 세 번째 것이 있는데 그것은 자기 자신의 힘과 능력에 의해서 영원하며 불변한다. 변화하는 모든 것들은 모든 시간으로부터(ab omni tempore) 존재하여 온 것이 아니라 존재의 시초를 가진 특수한 것들이다. 다른 것들은 특수한 양태들의[2] 원인들이라고 우리들이 말한 보편적인 양태들(modi generales)이다. 그러나 세 번째 것은 신(Deus) 또는 우리들이 하나의 동일한 것으로 받아들이는 진리(veritas)이다.

그런데 사랑은 우리들이 어떤 사물에 대해서 가지는 지각과 인식으로부터(ex perceptione et cognitione) 생긴다. 사물이 자기 자신을 보

---

1 (역주) '덧없다'는 무상(無常)하여 늘 변화하고 소멸하기 쉽다는 것을 뜻한다.
2 (역주) 특수한 양태들은 개별적인 양태들을 의미한다.

다 더 크게 그리고 한층 더 영광스럽게 제시함에 따라서 우리들 안의
사랑 또한 보다 더 크고 보다 더 숭고하다.

우리들은 두 가지 방식으로 사랑으로부터 해방될 수 있다. (1) 어떤
것을 더 잘 알게 됨으로써 또는 (2) 우리들이 위대하고 숭고한 것으로
여긴 어떤 것 자체가 불의와 상실과 고통을 가져다준다는 경험에 의해
서 우리들은 해방될 수 있다.

사랑으로부터 (경악과 다른 정념들로부터와 마찬가지로) 우리들의
해방을 우리가 결코 생각하지 않는 것 또한 사랑의 특징이다. 그리고
이것은 다음과 같은 두 가지 이유에서이다. (1) 그것이 불가능하기 때
문이고, (2) 우리들이 사랑으로부터 해방되지 못하는 것이 필연적이기
때문이다. 그것은 불가능하다. 왜냐하면 그것은 결코 우리들에게 의존
하지 않고 오로지 우리들이 대상에서 지각하는 선한 것과 유용한 것에
만 의존하기 때문이다. 만일 우리들이 그 대상을 사랑하지 않으려고 했
거나 또는 마땅히 사랑해서는 안 되었더라면 필연적으로 그 대상은 우
선 우리들에게 알려지지 않았을 것이 분명하다. 이것은 우리들의 자유
로운 의지에 속하지도 않고 우리들에게 의존하지도 않는다. 왜냐하면
만일 우리들이 아무것도 인식하지 못했더라면 확실히 우리들은 존재
하지도 않았을 것이기 때문이다. 그러나 다음의 사실은 필연적이다.
즉 우리들의 본성의 허약함으로 인하여, 우리들이 그것과 통일되고 우
리가 그것으로부터 힘을 이끌어 내는 어떤 것을 향유하지 않으면 우리
들은 존재할 수 없기 때문에 우리들은 사랑으로부터 해방될 수 없는 것
이다.

그렇다면 우리들은 이 세 가지 대상들 중에서 어떤 것을 선택하거나
아니면 거절하여야만 하는가?

변화하는 것에 대해서 말하자면, 이미 말한 것처럼 우리들의 본성의

허약함으로 인해서 우리들은 존재하기 위해서 필연적으로 어떤 것을
사랑하고 그것과 통일되지 않으면 안 되기 때문에 다음의 사실이 확실
하다. 즉 우리들의 본성은 변화하는 것들을 사랑하고 그것들과 통일된
다고 해서 결코 강해지지 않는다. 왜냐하면 그것들 자체가 약하고 한
사람의 절뚝발이는 다른 절뚝발이를 이끌고 갈 수 없기 때문이다. 그것
들은 우리들을 진전하지 못하게 할 뿐만 아니라 우리들에게 해롭기까
지 하다. 왜냐하면 우리들은, 사랑이란 우리들의 지성이 선하고 영광스
럽다고 판단하는 대상과의 통일이라고 말했기 때문이다. 이것을 가지
고 우리들이 의미하는 것은 사랑하는 자와 사랑받는 자 양자가 하나의
동일한 것이 되는 또는 함께 하나의 전체를 형성하는 그와 같은 통일이
다. 그러므로 변화하는 것들과 통일되는 사람은 실로 매우 비참하다.
왜냐하면 변화하는 것들은 그의 힘 밖에 있으며 수많은 우연들에 속하
므로 변화하는 것들이 정념의 영향을 받을 경우 그가 정념으로부터 해
방될 수 있으리라는 것이 불가능하기 때문이다. 그러므로 결국 우리들
은 다음처럼 결론 내린다. 즉 여전히 어느 정도 본질을 가진 변화하는
것들을 사랑하는 사람들이 비참하다면, 전적으로 아무런 본질도 없는
명예와 부와 쾌락(honor, divitiae et voluptas)을 사랑하는 사람들은
얼마나 비참할 것인가!

그토록 덧없는 것들로부터 우리들을 멀리하도록 이성이 어떻게 우리
들을 가르치는지를, 이것이 우리에게 제시하는 것으로 족하기로 하자.
왜냐하면, 우리가 방금 말한 것에 의해서 변화하는 것들에 대한 사랑
안에 감추어져서 은폐되어 있는 독과 악이 명백하게 우리들에게 증명
되기 때문이다. 그러나 이러한 변화하는 것들을 향유함으로써 우리들
이 어떤 영광스럽고 탁월한 선으로부터 멀어지는지를 고찰할 때 우리
는 이러한 사실을 비교할 수 없을 정도로 확실히 안다.

앞에서 우리들은 변화하는 것들은 우리들의 능력 밖에 존재한다고 말하였다. 그렇지만 다음과 같은 사실에 대해서 사람들이 우리들을 잘 이해하기를 바란다. 즉 우리들은 우리가 다른 어떤 것에도 의존하지 않는 자유로운 원인(causa libera)이라고 말하려는 의도는 없다. 오히려 몇 가지 것들은 우리들의 능력 안에 있고 다른 것들은 우리들의 능력 밖에 있다고 말할 때, 우리들은 한 부분인 자연의 질서에 의해서 또는 자연과 함께 우리들이 작용하는 그러한 것들을 우리들의 능력 안에 있는 것들로 이해한다. 그리고 우리들의 능력 안에 있지 않는 것들은 우리들의 능력 밖에 있는 것으로서 우리들에 의해서 어떤 변화에도 종속되어 있지 않는 것들이다. 왜냐하면 그러한 것들은 자연에 의해서 결정되어 있는 우리들의 현실적인 본질로부터 매우 멀리 떨어져 있기 때문이다.

이제 우리들은, 비록 영원하고 불변할지라도 자기들의 고유한 힘에 의해서 존재하지 않는 두 번째 종류의 대상들을 살펴보기로 하자. 그렇지만 우리들이 단지 조금만 검토해 보면, 우리들은 이 대상들이 직접 신에게 의존하는 양태들에 불과하다는 것을 즉시 알게 된다. 그리고 이 대상들의 본성은 그렇기 때문에 만일 우리들이 동시에 신의 관념을 가지고 있지 않다면 우리들은 그것들을 파악할 수 없다. 신은 완전하기 때문에 신의 관념 안에서 필연적으로 우리들의 사랑은 휴식하지 않으면 안 된다. 그리고 한마디로 표현해서, 만일 우리가 우리들의 지성을 옳게 사용한다면 신을 사랑하지 않는 것(Deum non amare)은 우리들에게 불가능할 것이다. 이에 대한 이유들은 다음과 같이 명백하다.

1. 우리들은 오직 신만이 본질을 가지고 다른 모든 것들은 본질이 아니라 양태들이라는 것을 경험하기 때문이다. 그리고 양태들은 자기들이 직접 의존하는 존재자 없이는(absque ente) 제대로 이해될 수 없기

때문이다. 어떤 것을 사랑할 때, 만일 우리가 사랑하는 것보다 더 훌륭한 것을 우리들이 알게 된다면 언제나 직접 그것을 택하고 첫 번째 것을 버린다는 것이 앞에서 이미 제시한 것처럼 확실하게 다음의 사실에서 귀결된다: 우리들이 자기 자신 안에 모든 완전성을 가진 신을 알게될 때 우리들은 필연적으로 신을 사랑하지 않으면 안 된다.

만일 우리들이 사물들의 인식에 있어서 우리들의 지성을 잘 사용한다면, 우리들은 사물들의 원인들과 사물들을 연관해서 알지 않으면 안된다. 그런데 신은 모든 것들의 제1원인(rerum omnium prima causa)이기 때문에 사물의 본성으로부터 신의 인식은 다른 모든 것들의 인식에 앞서서 존재하며 또한 남아 있다. 왜냐하면 다른 모든 것들의 인식은 제1원인의 인식으로부터 나오지 않으면 안 되기 때문이다. 그리고 참다운 사랑(verus amor)은 항상 사물이 장엄하고 선하다는 인식으로부터 생긴다. 오로지 신만이 장엄하고 완전한 선이므로, 참다운 사랑은 어느 누구에게도 자신을 힘차게 던지지 않고 우리들의 주인인 신에게 자신을 던지는 것 이외의 다른 어떤 일이 생길 수 있는가?

그러므로 우리들은 어떻게 우리가 사랑을 강하게 만들지 알며 또한 어떻게 사랑이 오직 신 안에서만 휴식하지 않으면 안 되는지 안다.

마지막 종류의 인식을 고찰할 때, 우리들은 사랑에 대해서 여전히 더 말하지 않으면 안 되는 것을 염두에 두었다가 말할 것이다. 이제 여기에서 우리들은 앞에서 약속한 것처럼 우리가 어떤 정념들(passiones)을 받아들여야 하며 또 어떤 정념들을 거부해야 하는지에 대한 탐구로 넘어갈 것이다.

6

증오

증오(odium)는 우리에게 손상 내지 장애(damnus vel impedimen-tum)를 생기게 한 것으로부터 우리들을 방어하기 위한 경향이다.

그런데 우리들은 두 가지 방식으로, 말하자면 정념들(passiones)을[1] 가지고 아니면 정념들을 가지지 않고 행동한다는 것을 주의하여야 한다. 정념에 의한 행동은 우리들이 보통 잘못을 저지른 노예에 대한 주인의 행동에서 보는데 그것은 대부분 분노 없이는 일어나지 않는다. 정념에 의하지 않는 행동은, 소크라테스가 자신의 노예를 훌륭하게 만들기 위해서 벌해야만 할 경우 자신이 노예에 대해서 분노했다고 느낄 때는 결코 노예를 벌하지 않았다고 사람들이 소크라테스에 대해서 말할 때의 행동과 같은 것이다.

그런데 우리들은 우리들이 정념을 가지고 아니면 정념을 가지지 않고 행동한다는 것을 알기 때문에 다음의 사실이 명백하다고 생각한다. 즉 우리들을 방해하거나 또는 방해한 것들은 필요할 경우 우리들의 마

---

1 (역주) 정념들은 정서들 또는 열정들과 같은 의미를 가진다.

음의 동요 없이(sine commotione) 제거될 수 있다. 그렇다면 어떤 것이 더 나은가? 우리들이 증오와 혐오감을 가지고 그것들을 피하는 것이 더 나은가? 아니면 우리들이 이성의 힘에 의해서 마음의 동요 없이 (왜냐하면 우리들이 그것을 가능하다고 여기기 때문에) 그것들을 인내하는 것이 나은가? 무엇보다도 다음의 사실이 확실하다. 즉 우리들이 정념 없이 행하지 않으면 안 되는 것을 행할 때 그러한 행동으로부터는 어떤 악도 생길 수 없다. 그리고 선과 악 사이에는 중간(medium)이 없기 때문에 정념으로 어떤 것을 행하는 것은 악이고 정념 없이 행동하는 것은 분명히 선이라는 것을 우리들은 안다.

그렇지만 이제 증오와 혐오감을 가지고 사물들을 피하는 것 안에 어떤 악한 것이 놓여 있는지의 여부에 대해서 탐구해 보기로 하자.

속견으로부터 생기는 증오에 대해서 말하자면 다음의 사실이 확실하다. 즉 증오는 우리들 안에 머무를 곳을 발견할 수 없다. 왜냐하면 우리들은 항상 약초의 경우와 마찬가지로 하나의 동일한 것이 어떤 때에는 우리들에게 좋고 또 다른 때에는 나쁘다는 것을 알기 때문이다.

그러므로 결국 증오가 오로지 속견에 의해서만 우리들 안에 생기는지 그리고 참다운 추리로부터도 생기는지의 여부가 중요하다. 그렇지만 이것을 탐구하기 위해서는 증오가 무엇인지를 명백하게 설명하고 증오를 혐오감으로부터 구분하는 것이 좋을 것으로 생각된다.

그런데 나는 증오란 의도적으로 알면서 우리들에게 어떤 악을 행한 어떤 사람에게 대한 마음의 동요(commotio mentis)라고 말한다. 그러나 혐오감(aversio)은 우리들이 자연에 의해서 어떤 것 안에 있다고 알거나 생각하는 어떤 허약함이나 상처로 인해서 그 어떤 것에 대해서 우리들 안에 생기는 마음의 동요이다. 나는 자연에 의해서라고 말한다. 왜냐하면, 우리들이 그렇다고 가정하거나 생각하지 않을 경우 우리들이 그것으로부터 어떤 장애나 상처를 입었다고 할지라도 우리들은 그 것에 대한 어떤 혐오감도 느끼지 않기 때문이다. 왜냐하면 우리들은 오 히려 반대로 그것으로부터 어떤 유용한 것을 기대할 수 있기 때문이다. 따라서 어떤 사람이 돌멩이나 칼에 의해서 상처를 입었을 경우, 상처를 입었다고 해서 그는 돌멩이나 칼에 대해서 혐오감을 느끼지는 않는다.

이러한 고찰을 행한 다음에 이제 우리들은 이들 양자의[2] 결과들을 짧게 살펴보기로 하자. 증오로부터는 슬픔(tristitia)이 생긴다. 증오가 클 경우 증오는 분노를 산출하는데, 분노는 증오처럼 증오의 대상을 피 하려고 할 뿐만 아니라 실행할 수 있을 경우 증오의 대상을 소멸시키려 고도 한다. 이와 같이 커다란 증오로부터는 질투(invidia)도 생긴다. 그 러나 혐오감으로부터는 특정한 슬픔이 생긴다. 왜냐하면 우리들은, 현 실적이기 때문에 항상 자신의 본질과 완전성을 가지지 않으면 안 되는 것을 우리들이 결여하고 있다는 사실을 고찰하기 때문이다.

만일 우리가 우리들의 이성을 옳게 사용한다면, 방금 말한 것으로부 터 다음의 사실을 쉽게 이해할 수 있을 것이다. 즉 우리들은 어떤 것에 대해서도 증오나 혐오감을 느낄 수 없다. 만일 우리들이 그런 감정들을 느낀다면, 우리들 자신은 모든 것에서 발견되는 완전성을 결여하고 있 는 것이다. 우리들은 마찬가지로 우리들의 이성을 가지고 다음의 사실 을 안다. 즉 우리들은 어떤 사람에게 대해서도 결코 어떤 종류의 증오 도 합리적으로 느낄 수 없다. 왜냐하면 만일 우리들이 자연에 존재하는 어떤 것에 대해서 계속해서 어떤 것을 원하고 있다면, 우리들은 언제나 우리들을 위해서건 아니면 사물 자체를 위해서건 간에 그것을 개선하 지 않으면 안 되기 때문이다. 그리고 완전한 인간(homo perfectus)은

---

2 (역주) 이들 양자는 증오(odium)와 혐오감(aversio)을 가리킨다.

우리가 우리들 주변에 또는 우리들 눈 앞에 있는 모든 것들에 대해서 알고 있는 최선의 것이기 때문에 우리들이 모든 시간에 있어서 이러한 완전한 상태에 도달하도록 그들을 교육시켜야 한다는 것은 우리들을 위해서 그리고 개별적으로 모든 사람들을 위해서도 최선의 일이다. 왜냐하면 오직 그럴 경우에만 우리들은 그들로부터 가장 큰 이익을 거두어들일 수 있고 그들 또한 우리들로부터 가장 큰 이익을 거두어들일 수 있기 때문이다. 그러기 위한 수단은, 마치 우리들이 우리의 선한 양심으로부터(a bona conscientia nostra) 배우게 되고 권유받게 되는 것처럼 그렇게 그들을 지속적으로 지각하는 것이다. 이것은 결코 우리들을 파멸하도록 자극하지 않고 언제나 안녕과 행복(salus et valetudo)으로[3] 향하도록 자극하기 때문이다.

　결론적으로 우리들은 다음과 같이 말한다. 즉 증오와 혐오감은 마치 사랑이 정반대로 완전성들을 가지고 있는 것처럼 그것들 안에 수많은 불완전성들을 가지고 있다. 왜냐하면 사랑은 항상 완전성을 구성하는 개선, 강화 그리고 증오를 산출하기 때문이다. 그런가 하면 증오는 반대로 불완전성 자체를 구성하는 파괴, 약화 그리고 무화(無化)를 산출한다.

3　(역주) salus는 신체적인 건강, 건강의 행복 등을 뜻하고 valetudo는 개인의 행복을 포함한 사회적 복지를 의미한다.

7

욕망과 기쁨

우리는 증오와 경악이 자기들의 지성을 옳게 사용하는 사람들에게는 발붙일 곳이 전혀 없다는 것을 자유롭게 말해도 되는 것을 알았다. 그리하여 우리는 다른 정념들에 대해서도 똑같은 식으로 계속해서 말할 것이다. 첫 번째로 다룰 것은 욕망과 기쁨(cupiditas et laetitia)이다. 이것들은 사랑과 똑같은 원인들에서 생기기 때문에 우리들은 그것들을 기억해야만 하고 우리가 말한 것을 염두에 두지 않으면 안 되는 것만을 말할 것이다. 이렇게 함으로써 우리들은 이 주제를 끝낼 것이다.

다음으로 우리들은 슬픔으로 넘어갈 것인데, 슬픔은 단지 속견으로부터만 그리고 속견에서 생기는 상상력으로부터만 생긴다고 말할 수 있다. 왜냐하면 슬픔은 어떤 선의 상실에서 생기기 때문이다.

그런데 이미 앞에서 우리들은 우리가 행하는 모든 것은 진보와 개선을 향하여 나아가야 할 것이라고 제시하였다. 그러나 우리들이 슬픔에 잠겨있는 동안 우리는 우리 자신을 그렇게 행동하는 데 적절하지 않게 만드는 것이 확실하다. 그러기에 우리는 우리 자신을 필연적으로 슬픔으로부터 해방시켜야 할 것이다. 만일 우리가 힘이 있다면, 우리는 상실한 것을 회복할 수 있게 해 주는 수단을 생각함으로써 슬픔에서 해방될 수 있다. 만일 그렇게 하지 못한다면 슬픔이 필연적으로 동반하는 모든 비참함과 불행에 빠지지 않도록 우리들이 슬픔에 종지부를 찍는 것이 또한 필연적이다. 우리들은 이 두 가지를 기쁘게 행하지 않으면 안 된다. 왜냐하면 스스로 욕구해서 생긴 악에 의해서 상실된 선을 회복하여 선하게 만들고자 하는 것은 어리석기 때문이다.

마지막으로 자신의 지성을 옳게 사용하는 사람은 필연적으로 제일 먼저 신을 인식하지 않으면 안 된다. 왜냐하면 신은 우리들이 증명한 것처럼 최고의 그리고 모든 것의 선이기 때문이다. 그러므로 자신의 지성을 옳게 사용하는 사람은 어떤 슬픔에도 빠질 수 없다는 것이 명백하다. 어떻게 그럴 수 있을까? 왜냐하면 그는 선한 모든 것인 선 안에 휴식하고 있기 때문이다. 그 안에는 충만한 모든 기쁨과 만족이 있다.

그렇다면 슬픔은 이미 말한 것처럼 속견으로부터 또는 지성의 결여로부터 생긴다.

8

존경과 멸시

이제 우리들은 계속해서 존경과 멸시, 자존심과 겸손 그리고 자만과 비난받을 만한 겸손에[1] 대해서 말할 것이다. 우리들은 순서대로 그것들을 다룰 것이며 어떤 것이 선하고 어떤 것이 악한지를 정확하게 구분하려고 애쓸 것이다.

우리들이 어떤 것을 커다란 것 또는 작은 것으로 느끼는 한 우리들은 존경과 멸시를 느끼며, 이 커다란 또는 작은 것은 우리들 안에 있거나 또는 우리들 밖에 있다.

자존심(generositas)은 우리들 밖의 어떤 것으로도 연장되지 않으며, 냉정하면서도 자기 자신을 위해서 존경을 구하지 않고 현실적인 것을 자신의 완전성에 대해서 가치 있는 것이라고 아는 사람에게만 속한다.

어떤 사람이 자신에 대한 다른 사람들의 멸시를 고려하지 않고 자기 자신의 불완전성을 알 때 그는 겸손(humilitas)을 느낀다. 그러므로 겸손은 겸허한 사람의 외부에 있는 것을 언급하지 않는다.

---

1 (역주) 대표적인 비난받을 만한 겸손은 아부나 아첨이다.

자만(superbia)은 어떤 사람이 자신에게서 발견되지 않는 완전성을 자기 자신에게 있다고 할 때 생긴다.

비난받아야 할 겸손(abjectio)은 어떤 사람이 자기가 가지고 있지 않은 불완전성을 자기 자신에게 있다고 할 때 생긴다. 나는 다른 사람들을 기만하기 위해서 자신의 생각과는 달리 자기 자신을 천하게 여기는 그러한 위선자들에 대해서 이야기하고 있는 것이 아니다. 나는 단지 불완전성을 자기 자신들의 것으로 돌리고 불완전성을 가지고 있다고 실제로 생각하는 사람들에 대해서만 이야기하고 있다.

이러한 관찰로부터 이 정념들 각각에는 어떤 선과 악이 있는지 충분히 명백하게 알 수 있다. 왜냐하면 자존심과 겸손을 놓고 볼 때 이것들은 그 자체를 통해서 자체의 탁월함을 제시하기 때문이다. 그 이유인즉 그것들의 소유자는 그것들의 참다운 가치에 따라서 자기 자신의 고유한 완전성과 불완전성을 알기 때문이다. 그리고 이것이야말로 이성이 우리들에게 가르치는 것에 따라 우리들의 완전성의 획득을 위한 가장 중요한 것이다. 왜냐하면, 만일 우리가 우리의 능력과 완전성을 정확히 안다면, 우리는 우리의 선한 목적을 얻기 위해서 하지 않으면 안 되는 것이 무엇인지 분명히 알 것이기 때문이다. 그리고 또 다른 한편으로 만일 우리가 우리의 잘못과 약점을 안다면, 우리는 무엇을 피해야 하는지를 알 것이다.

자만과 비난받을 만한 겸손의 정의(定義)는 이미 특정한 속견으로부터 생긴다는 것을 충분히 알 수 있다. 왜냐하면 우리들이 다음처럼 말했기 때문이다. 즉 비록 어떤 사람이 특정한 완전성을 소유하지는 않았는데도 완전성을 가지고 있다고 말하는 사람에게 속하는 것이 자만이고, 비난받을 만한 겸손은 정확히 그 반대이다.

그렇다면 방금 말한 것으로부터 다음의 사실이 분명하다. 즉 자존심과 참다운 겸손이 선하고 유익한 것처럼 반대로 자만과 비난받을 만한 겸손은 악하며 파괴적이다. 왜냐하면 자존심과 참다운 겸손은 그것들을 소유한 사람들을 매우 선한 태도로 향해서 나아가게 할뿐만 아니라 또한 그 이외에도 우리들이 지상(至上)의 축복으로 타고 올라갈 수 있는 사다리이기 때문이다. 그러나 이들 자만과 비난받을 만한 겸손은 우리가 완전성에 도달하는 것을 방해할 뿐만 아니라 우리들은 완전한 파멸로 이끌어가기까지 한다. 비난받을 만한 겸손은, 우리들이 완전하게 되기 위해서 행하지 않으면 안 되는 행위를 하지 못하도록 방해하는 것이다. 예컨대 회의론자들의 경우가 이렇다. 즉 회의론자들은 인간이 어떤 진리에 도달할 수 있다는 것을 부정하기 때문에 그들은 참다운 진리를 결여하고 있다. 다른 한편으로 자만은 곧바로 우리들을 파멸시키려는 것들을 감행하도록 한다. 이는 자만을 지녔던 그리고 자만을 소유한 모든 사람들의 경우에서 우리들이 본 것과 같다. 그들은 신에 대한 속견 안에 놀랍게도 잘 서 있었으며 또한 서 있고 결국 불과 물에 도전하고 그리하여 어떤 위험도 피하지 않고 모든 위험을 직면하며 가장 비참하게 죽는다.

　존경과 멸시에 대해서 더 이상 할 말이 없고, 우리들은 앞에서 사랑에 대해 말한 것을 기억에 떠올리기만 하면 된다.

9

희망과 공포

우리들은 이제 희망과 공포(spes et metus), 신뢰와 절망과 마음의 동요(securitas, desperatio et fluctuatio), 용기와 대담함과 경쟁심(intrepiditas, audacia et aemulatio), 비겁함과 소심함(pusillanimitas et consternatio)에 대해서 그리고 마지막으로 질투(invidia)에 대해서 말할 것이다. 지금까지 그래 왔던 것처럼 우리는 그것들을 하나씩 다룰 것이며, 그것들 중에서 어떤 것이 우리를 방해할 수 있고 또 어떤 것이 우리에게 유익할 수 있을지를 지적할 것이다. 그것이 선하든지 악하든지 간에 앞으로 다가올 것에 대해서 우리가 가질 수 있는 생각들에 면밀히 주의를 기울일 수만 있다면 우리는 이 모든 것을 매우 쉽게 다룰 수 있을 것이다.

우리가 사물들에 대해서 가지고 있는 관념들은

1. 사물들 자체(res ipsas)에 속하거나 또는

2. 관념들을 가진 사람에게 속한다.

사물 자체에 관해서 우리가 가지고 있는 관념들은

1. 우리는 사물들을 우연적인 것으로 고찰한다. 곧 어떤 것들은 올

수도 있고 오지 않을 수도 있다. 또는

　2. 사물들은 필연적으로 오지 않으면 안 된다.

　이것은 사물 자체에 연관해서 그런 것이다.

　사물들을 생각하는 사람에게 연관되는 관념은 다음과 같다. 즉 그는 사물들을 진전시키기 위해서 아니면 그것들을 방해하기 위해서 어떤 것을 행하지 않으면 안 되는 것이다.

　그러므로 이러한 관념들로부터 이들 모든 정념들(omnes hae passiones)이 다음처럼 생긴다. 만일 우리들이 앞으로 다가올 어떤 것에 대해서 그것이 선하다고 또 그것이 생길 수 있다고 가정한다면 이로부터 정신은 우리들이 희망이라고 부르는 그러한 형태를 가진다. 이것은 비록 어떤 슬픔과 섞여 있다고 할지라도 특정한 종류의 기쁨인 것이 확실하다.

　그리고 다른 한편으로 만일 앞으로 다가올 것을 우리들이 악하다고 판단한다면 우리들이 공포라고 부르는 형태로 우리의 정신 안에 들어온다.

　그렇지만 만일 우리들이 어떤 것을 선하다고 여기고 동시에 그것을 앞으로 필연적으로 다가오지 않으면 안 되는 것으로 여긴다면 우리들이 신뢰라고 부르는 것이 정신 안으로 들어온다. 이것은 희망과 마찬가지로 슬픔과 섞이지 않은 특정한 기쁨이다.

　그러나 어떤 것이 악하며 그것은 필연적으로 앞으로 다가오지 않으면 안 된다고 우리가 생각할 때 절망이 정신 안으로 들어온다. 이것은 특정한 종류의 슬픔일 뿐이다.

　지금까지 우리들은 이 장에서 고찰한 정념들에 대해서 말했으며, 그것들을 긍정적으로 정의하였으며 그것들 각각이 어떤 것인지 진술하였다. 그런데 우리들은 반대 방식으로 논의를 계속할 수 있으며 정념들을 부정적으로 정의할 수 있다. 우리들은 악이 다가오지 않기를 희망하며, 선이 다가오지 않을까봐 두려워하고, 우리들은 악이 다가오지 않을 것이라고 신뢰하며, 우리들은 선이 다가오지 않을 것이기 때문에 절망한다.

사물 자체에 대한 우리들의 관념으로부터 정념들이 생기는 한 정념들에 대해서 이렇게 충분히 말한 다음에 이제 우리들은 사물에 대해서 생각하는 사람에게 연관된 관념들로부터 생기는 그러한 정념들에 대해서 말하지 않으면 안 된다. 그것은 다음과 같다.

어떤 것을 산출하기 위해서 우리가 어떤 것을 행하지 않으면 안 될 때 우리들이 그것에 대해서 아무런 결단도 내리지 못한다면 정신은 우리가 마음의 동요라고 부르는 형태를 가진다. 그러나 정신이 어떤 것을 산출하기 위해서 남자다운 결단을 내릴 때 그리고 그것이 산출될 수 있을 때 행동은 용기라고 일컬어진다. 그리고 만일 어떤 것을 어렵게 성공하면 그것은 대담함(intrepiditas)으로 일컬어진다.

그렇지만 어떤 한 사람이 먼저 어떤 것을 성공적으로 행했기 때문에 어떤 다른 사람이 그것을 행하기로 결심한다면 우리는 그것을 경쟁심이라고 부른다. 마지막으로 만일 어떤 사람이 선한 것을 진전시키고 악한 것을 방해하기 위해서 자기가 무엇을 하지 않으면 안 되는지를 알지만 그렇게 행동하지 않는다면 우리들은 그것을 비겁함이라고 부른다. 그리고 똑같은 것이 매우 클 때 우리들은 그것을 소심함이라고 부른다. 끝으로 질투는 이미 획득한 어떤 것을 향유하기만 하고 소유해도 좋다고 우리가 느끼는 염려(cura)이다.

그런데 우리는 이 정념들이 어디서부터 생기는지 알기 때문에 그것들 중 어떤 것이 선하고 또 어떤 것이 악한지를 제시하는 것은 매우 쉬울 것이다.

희망, 공포, 신뢰, 절망 그리고 질투는 잘못된 속견으로부터(ex mala opinione) 생긴다는 것은 확실하다. 왜냐하면 이미 앞에서 우리들이 증명한 것처럼 모든 것들은 자기들의 필연적 원인들을 가지며 바로 그것들이 생기는 것처럼 필연적으로 생기지 않으면 안 되기 때문이다. 그리고 비록 신뢰와 절망은 원인들의 이와 같이 확고한 질서와 연속에 자리잡거나 또는 똑같은 것을 인정하는 것으로 여겨진다고 할지라도(만일 우리들이 그것에 대한 진리를 제대로 통찰한다면) 사실은 매우 다르다. 왜냐하면 신뢰와 절망은 희망과 공포(이것들로부터 신뢰와 절망은 자기들의 존재를 도출해 내는데)가 선행하지 않으면 결코 생기지 않기 때문이다. 예컨대 만일 어떤 사람이, 자신이 여전히 기다리지 않으면 안 되는 어떤 것을 선하다고 생각한다면 그는 우리들이 희망이라고 부르는 형태를 자신의 정신에 받아들인다. 그리고 어떤 사람이 이미 정해진 선의 획득에 대해서 신뢰할 때 그의 정신은 우리들이 신뢰라고 부르는 평온함(tranquillitas)을 얻는다. 지금 우리들이 신뢰에 대해서 말하고 있는 것과 똑같은 것이 또한 절망에 대해서도 언급되지 않으면 안 된다. 그러나 우리들이 사랑에 대해서 말한 것에 따르면 바로 앞의 이야기는 완전한 인간에게는 전혀 해당되지 않는다. 왜냐하면 신뢰와 절망은 그것들이 속한 변화 가능성으로 인하여(사랑에 대한 우리들의 설명에서 주의해 본 것처럼) 우리들이 애착해서는 안 되는 것들을 전제로 삼기 때문이다. 또는 (증오에 대한 우리들의 설명에서 증명한 것처럼) 우리들은 신뢰와 절망에 대한 혐오감을 가지지 않아도 된다. 그렇지만 이와 같은 정념들에 집착하는 인간은 항상 그와 같은 애착과 혐오감에 종속되어 있다.

마음의 동요, 비겁함 그리고 소심함은 바로 자신들의 본성과 성질을 통해서 자신들의 불완전성을 드러낸다. 왜냐하면 우리들의 이익을 위해서 그것들이 행하는 것은 무엇이든지 그것들의 본성의 결과들로부터 오직 부정적으로만 생기기 때문이다. 예컨대 어떤 사람은, 비록 어떤 것이 선하지 않다고 할지라도 자신이 선하다고 생각하는 그 어떤 것을 바라지만 자신의 마음의 동요나 비겁함으로 인하여 그것을 실현하는 데 필요한 용기를 결여하게 되며, 그는 자신이 선하다고 생각한 악으로부터 좋지 않은 방식으로 또는 우연히 구원받는 일이 생기게 된다. 그러므로 이와 같은 정념들은 올바른 이성의 인도를 받는 인간에게는 결코 일어날 수 없다.

　마지막으로 용기, 대담함 그리고 경쟁심에 대해서 말하자면 이것들에 대해서는 우리가 이미 사랑과 증오에 대해서 말한 것 이상의 어떤 것도 말할 것이 없다.

10

양심의 가책과 후회

이제 우리들은 비록 짧게나마 양심의 가책과 후회(conscientiae mor-sus et poenitentia)에 대해서 말할 것이다. 이것들은 조급함의 결과가 아니면 결코 일어나지 않는다. 왜냐하면 양심의 가책은 우리들이 행하는 것이 선인지 아니면 악인지의 여부에 대한 우리들의 의심에서만 생기며 후회는 악한 어떤 것을 행했다는 사실에서 비롯되기 때문이다.

그리고 자신들의 지성을 옳게 사용하는 많은 사람들도(지성을 항상 옳게 사용하기 위해서 요구되는 노련함이 그들에게 결여되어 있으므로) 때때로 잘못을 범한다. 그래서 그와 같은 양심의 가책과 후회는 그들을 다시금 곧장 옳게 만들 것이며, 따라서 (모든 세상이 추론하는 것처럼) 그들이 선하다고 추론할 수 있을 것이다. 그렇지만 만일 우리들이 그것을 제대로 통찰한다면, 그들이 선하지 않을 뿐만 아니라 오히려 반대로 유해하고 결국 악하다는 것을 발견할 것이다. 왜냐하면 우리들은 언제나 양심의 가책과 슬픔에 의해서보다 이성과 진리에 대한 사랑에 의해서 더욱더 훌륭하게 성공한다는 것이 분명하기 때문이다. 그러므로 그것들은 유해하고 악하다. 왜냐하면 그것들은 일종의 슬픔이기 때문인데, 우리들은 앞에서 이미 슬픔을 해로운 것으로 증명했기 때문에 우리들은 하나의 악으로서 슬픔을 피하려고 애쓰지 않으면 안 된다. 그래서 결국 우리들은 슬픔과 같은 양심의 가책과 후회를 피하고 그것들로부터 도망가지 않으면 안 된다.

11

조롱과 희롱

조롱과 희롱(irrisio et iocus)은 그릇된 속견에서 생기며, 조롱하고 희롱하는 사람의 불완전성을 드러낸다.

그것들이 근거로 삼고 있는 속견은 그릇되다. 왜냐하면 조롱당하는 사람은 그러한 속견이 산출하는 결과들에 대한 첫 번째 원인이며, 그것들은(자연의 다른 것들처럼) 필연적으로 신에게 의존하지 않기 때문이다. 그것들은 조롱하는 자 안에 있는 불완전성을 드러낸다. 왜냐하면 조롱당하는 것은 조롱할 만한 것이거나 아니면 그러한 것이 아니기 때문이다. 만일 그것이 조롱당할 만한 것이 아니라면 그것은 조롱하지 말아야 할 것을 조롱하는 나쁜 태도를 보여 준다. 만일 그것이 조롱당할 만한 것이라면 조롱하는 사람들은 조롱함으로써 자기들이 조롱하는 것 안에 있는 어떤 불완전성을 인식하는데, 그들은 이것을 조롱에 의해서가 아니라 훌륭한 추리에 의해서(bonis rationibus) 좋게 고치지 않으면 안 된다.

웃음(risus)에 관해서 말하자면, 그것은 다른 사람에게 관계되는 것이 아니고 오직 자기 자신 안에 있는 어떤 선을 관찰하는 인간에게만

관계된다. 그리고 그것은 특정한 종류의 기쁨이기 때문에 그것에 대해
서는 이미 기쁨에 대해서 말한 것 이외에는 말할 것이 없다. 나는 어떤
사람을 웃도록 하는 특정한 관념에 의해서 생긴 웃음에 대해서 말하며
생생한 정신의 운동에 의해서 생긴 웃음에 대해서는 전혀 말하지 않는
다. 이것은 선이나 악에 대해서 아무 관계도 없기 때문에 이제 이것에
관해서 말하는 것은 우리들의 의도 밖에 있다.

질투, 화 그리고 분노(invidia, ira et indignatio)에 대해서 우리들은
여기에서 아무것도 말하지 않고 이미 우리들이 증오에 대해서 말한 것
을 상기할 뿐이다.

12

명예, 수치 그리고 파렴치

우리들은 명예, 수치 그리고 파렴치에 대해서도 이제 짧게 고찰할 것이다. 명예(honor)는 어떤 사람이 목전에 가질 수 있는 다른 이득이나 장점을 고려하지 않고 자신의 행동이 타인들에 의해서 존경받고 칭찬받게 되는 것을 알 때 자기 자신 안에서 느끼는 일종의 기쁨이다.

수치(pudor)는 다른 사람들이 목전에 가질 수 있는 어떤 다른 단점이나 손상을 고려하지 않고, 어떤 사람이 자신의 행동이 다른 사람들에 의해서 멸시당하는 것을 알 때 어떤 사람에게 생기는 특정한 종류의 슬픔이다.

파렴치(impudentia)는 수치의 결여이거나 수치의 떨쳐 버림이다. 이는 이성에 의한 것이 아니고 수치를 몰라서인데 어린아이들이나 야만인 등의 경우가 이에 해당한다. 또는 어떤 사람이 크게 멸시를 당해서 어떤 것도 고려하지 않고 한계를 넘어서기 때문에 생긴다.

그런데 우리들이 이 정념들을 알기 때문에 동시에 그것들이 자기들 안에 지니고 있는 공허함과 불완전성도 안다. 왜냐하면, 명예와 수치는, 우리들이 그것들의 정의에서 관찰한 것처럼 아무런 이익도 가지고 있지 않을 뿐만 아니라, 자애(自愛)와 인간이 그 자신의 행동의 첫 번째 원인이라는 속견을 근거로 삼고 있으며 따라서 칭찬과 비난을 받고 있는 한 유해하며 거절당하지 않으면 안 되기 때문이다.

그렇지만 나는 명예도 없고 수치도 없는 곳에서 인간이 사람들을 떠나서 사는 것처럼 사람들 사이에서 사는 것이 당연하다고 말하지 않을 것이다. 정반대로 나는 다음의 사실을 인정한다. 즉 인류에게 봉사하고 인류를 개선하기 위해서 우리들이 명예와 수치를 적용할 때 우리들은 자유롭게 그것들을 이용할 수 있을 뿐만 아니라 우리들 자신의 자유를 줄여서(그렇지 않으면 완전하고 타당한 자유인데) 그것들을 이용할 수 있기도 하다. 다음과 같은 예를 보자. 만일 어떤 사람이 존경받기 위해서 값비싼 옷을 입는다면 그는 동료들을 전혀 고려하지 않고 자기 자신의 사랑으로부터(ex sui ipsius amore)¹ 생기는 명예를 추구한다. 그러나 어떤 사람이 단지 자신의 초라한 옷차림 때문에 자신의 지혜가(그가 자신의 이웃들에게 봉사할 수 있는 지혜가) 멸시당하고 짓밟히는 것을 알게될 때, 그가(사람들을 도우려는 동기에서) 사람들이 따돌릴 수 없는 옷을 마련해서 입는다면 그는 훌륭하게 행동할 것이고 그렇게 함으로써 그는 자신의 동료보다 훌륭하게 되기 위해서 동료처럼 될 것이다.

더 나아가서 파렴치는 이것은 우리들에게 다음의 사실을 제시한다. 즉 파렴치의 추악함(defectus)을 알기 위해서 우리들이 필요로 하는 모든 것은 그것의 정의(定意)이며 그것으로 충분할 것이다.

---

1 (역주) 여기서 말하는 '자기 자신의 사랑'은 한 인간이 자신의 본질을 통찰함으로써 얻는 '자기애'가 아니고 이기적인 자애(自愛)를 의미한다.

13

호의, 감사 그리고 배은망덕

이 장에서 고찰할 것은 호의, 감사 그리고 배은망덕(favor, gratitudo et ingratitudo)이다. 첫 번째 두 가지에 대해서 말하자면 그것은 어떤 사람이 자신의 이웃에 대해서 어떤 선을 빌지 않으면 안 되며 행하지 않으면 안 되는 정신의 욕구(mentis appetitus)이다. 나는 빈다(concedo)라고 말하는 경우가 있는데, 어떤 선을 행한 사람에게 선이 되돌아갈 때 이렇게 말하는 것이다. 나는 행한다(facio)라고 말하는데, 우리들 자신이 어떤 선을 획득하거나 받아들였을 경우 그렇게 말하는 것이다.

나는 대부분의 사람들이 이 정념들(passiones istas)을[1] 선한 것으로 판단하는 것을 잘 알고 있다. 그렇지만 이럼에도 그것들은 완전한 인간에게 있어서 어떤 자리도 차지할 수 없다고 감히 말한다. 왜냐하면 완전한 사람은 어떤 다른 원인에 의해서가 아니라 오로지 필연성에 의해서만 동료를 도우려고 움직이며, 가장 불경스러운 사람의 비참함과 필요가 매우 크다는 것을 알고 그 사람을 돕는 것을 한층 더 자신의 의무

---

1 (역주) 호의와 감사 두 가지 정서들을 가리킨다.

라고 느끼기 때문이다.

배은망덕은 수치에 대한 파렴치의 관계처럼 호의에 대한 무시이거나 호의를 떨쳐 버리는 것이고 그것도 어떤 합리적 근거도 없고 단지 탐욕이나 무절제한 자애의 결과이다. 그렇기 때문에 배은망덕은 완전한 인간에게는 발붙일 곳이 없다.

14

비통함

비통함(commiseratio)은 정념들을 취급하면서 우리들이 말할 마지막 정념이 될 것이고 우리들은 이것과 함께 끝맺음을 할 것이다. 비통함은 우리가 상실한 선, 그것도 똑같은 것을 되찾을 가망이 전혀 없는 식으로 상실한 어떤 선에 대한 숙고에서 생기는 특정한 종류의 슬픔이다. 비통함은 자신의 불완전성을 너무 분명하게 드러내므로 우리들이 그것을 알아보는 순간 우리는 그것을 악하다고 생각한다. 왜냐하면 앞에서 이미 우리들은 쉽사리 가질 수 없거나 또는 어떤 때 우리가 실패하여 원할 때 가질 수 없는 것들에 우리들 자신을 구속하고 묶는 것은 악하다는 사실을 증명했기 때문이다. 그리고 그것은 특정한 종류의 슬픔이기 때문에 우리들이 슬픔에 대해서 논의할 때 앞에서 이미 주목한 것처럼 그것을 피하지 않으면 안된다.

　나는 이미 다음의 사실을 충분히 제시하고 증명했다고 생각한다. 즉 우리들을 선과 악에 대한 인식으로 인도하는 것은 오로지 참다운 신념이나 이성(fides vera vel ratio)인 것이다. 그래서 우리들이 이 모든 정념들에 대한 첫 번째의 주요 원인이 인식이라는 것을 증명하게 될 때,

만일 우리가 우리의 지성과 이성을 옳게 사용한다면, 우리는 우리가 당연히 거부하여야만 할 이 정념들 중의 하나의 희생물로 되는 것이 불가능하다는 사실이 분명하게 드러날 것이다.

그렇지만 여기에서 정념들 중에 탁월한 것으로서 선한 정념들은 그 정념들 없이는 우리가 있을 수도 존재할 수도 없는 종류이고 또 그러한 본성을 가지고 있다는 사실을 우리들이 알며 발견한다는 것을 주의하지 않으면 안 된다.

그러나 악하며 우리가 버리지 않으면 안 되는 그러한 정념들의 경우는 전혀 다르다. 이 악한 정념들은 우리들을 존재할 수 없게 할 뿐만 아니라 우리가 그것들로부터 우리 자신을 해방시켰을 때에야만 우리는 실제로 당연히 존재하여야만 할 존재가 되는 것이다.

이 모든 것을 훨씬 더 분명하게 하기 위해서는 모든 선과 악의 기초는 특정한 대상에게 부여된 사랑이라는 것을 주의하는 것이 유용하다. 왜냐하면, 만일 우리가 앞에서 말한 것처럼 유일하게 사랑받을 만한 가치가 있는 대상을, 곧 신을 사랑하지 않고 성질과 본성에 의해서 변화하는 것들을 사랑한다면, (대상은 매우 많은 우연들로 변할 수 있고 소멸될 수 있기까지 하므로) 사랑받는 대상의 변화에 따라서 필연적으로 증오와 슬픔 등이 생기기 때문이다. 어떤 사람이 자기가 사랑하는 것이 결여될 때 증오가 생기며 어떤 사람이 자기가 사랑하는 것을 상실하게 될 때 슬픔이 생긴다. 또, 자신에 대한 사랑(sui amore)에 기댈 때 명예가 생기고, 어떤 사람이 신을 위해서 자신의 동료를 사랑하지 않을 때 호의와 감사가 생긴다.

그러나 이 모든 것들과 반대로, 인간이 영원하며 불변하는 신을 사랑하게 되면 그가 이 정념들의 늪으로(in stagnum illum passionum) 빠지는 것은 불가능하다. 이렇기 때문에 우리들은, 신이 우리들의 모든

선의 첫째가는 유일한 원인이고 우리들을 우리의 모든 악으로부터 해
방시킨다는 것을 견고하고 움직일 수 없는 원리라고 언명한다.

　그러므로 다음의 사실을 또한 마지막으로 주의하지 않으면 안 된다.
즉 사랑은 무한한 것이다. 곧 사랑이 더욱더 증가하면 그것은 더욱더
탁월해진다. 왜냐하면 사랑은 무한한 대상에 부여되며 따라서 언제나
계속해서 증가하기 때문인데, 이런 일은 오로지 사랑만을 제외하고 다
른 것의 경우에는 일어날 수 없다. 그리고 아마도 이러한 사실은 나중
에 우리들이 영혼 불멸 그리고 어떻게 또는 어떤 방식으로 영혼 불멸이
가능한지를 증명할 재료를 우리들에게 부여할 것이다.

　지금까지 세 번째 종류의 참다운 신념의 결과가 알게 해 주는 모든
것을 고찰하고 나서 이제 우리들은 이 논문의 제2부 제4장에서 언급하
지 않은 네 번째의 마지막 결과에 대해서 계속해서 말할 것이다.

15

참다운 것과 그릇된 것

이제 참다운 신념의 네 번째이자 마지막 결과를 우리에게 제시하는 참
다운 것과 그릇된 것에 대해서 다루어 보기로 하자. 그런데 그렇게 하
기 위해서 우리는 우선 진리와 허위의 정의(定義)를 언급할 것이다. 진
리(veritas)는 어떤 것에 대한 긍정이나 부정으로서, 그 어떤 것과 일치
한다. 허위(falsitas)는 어떤 것에 대한 긍정이나 부정이며 그 어떤 것
자체와 일치하지 않는다. 그러나 그렇다면 그릇된 관념과 참다운 관념
사이에는 아무런 차이도 없을 수 있다. 또는 이것이나 저것의 긍정이나
부정은 단지 사고방식들에 지나지 않기 때문에 그리고 참다운 관념과 그
릇된 관념은 한 사람이 어떤 것에 찬성하고 다른 사람들은 찬성하지 않
는다는 것 말고는 어떤 식으로도 다르지 않기 때문에 참다운 관념과 그
릇된 관념은 실제로 다른 것이 아니고 단지 논리적으로만 서로 다를 수
있다. 만일 그렇다면 우리는 당연히 어떤 사람은 자신의 진리로부터 어
떤 이익을 얻으며, 또 다른 사람은 자신의 허위에 의해서 어떤 손해를 입
는지 물을 수 있다. 그리고 어떤 사람은 자신의 개념이나 관념이 다른 것
보다 어떤 것과 더 일치하는지를 어떻게 알 것인가? 마지막으로 어떤 사

람은 오류를 범하고 다른 사람은 그렇지 않은 것은 어디에서 생기는가?

이에 대해서 우리는 다음처럼 답할 것이다. 즉 가장 분명한 것들은 우리가 어떻게 그것들을 알게 되었는지를 묻는 것은 매우 어리석을 것이라는 식으로 그것들 자체와 아울러 그릇된 것들도 알게 해 준다. 왜냐하면, 가장 분명한 것들은 모든 것 중에서 가장 명확한 것으로 언급되므로 그것들을 분명하게 해 줄 수 있는 어떤 다른 명확함도 결코 있을 수 없기 때문이다. 그러므로 진리는 한꺼번에 자기 자신과 그릇된 것을 드러낸다. 왜냐하면 진리는 진리를 통해서, 곧 자기 자신을 통해서 분명하게 되며, 진리를 통해서 또한 허위도 분명하게 되기 때문이다. 그러나 허위는 그 자체를 통해서 결코 명확하게 드러나지 않는다. 그러므로 진리를 소유한 사람은 자신이 진리를 소유하고 있다는 것을 의심하지 않는데 비해 허위나 오류에 빠져 있는 사람은 자신이 진리에 도달했다고 생각하기 쉽다. 이는 마치 꿈꾸고 있는 사람이 자신은 깨어 있다고 생각하기 쉽지만 실제로 깨어 있는 사람은 자기가 꿈꾸고 있다고 결코 생각할 수 없는 것과 같다. 내가 말한 것은 어느 정도 우리들이 신은 진리라거나 진리는 신이라고 말한 것을 설명해 준다.

그런데 어떤 사람이 왜 다른 사람보다 더 자신의 진리를 의식하고 있는가 하면, 그의 긍정이나 부정의 관념은 사물의 본성과 전적으로 일치하며 보다 더 많은 본질을[1] 가지고 있기 때문이다. 이것을 더욱더 잘 파악하기 위해서는 지성(intellectus)이 (비록 이 단어가 다르게 발음된다고 할지라도)[2] 순수한 수동이라는 것을 주의하지 않으면 안 된다.[3] 곧

---

1 (역주) 여기에서 말하는 본질(essentia)은 실재성(realitas)이기도 하다.

2 (역주) 지성뿐만 아니라 이성이나 정념 등도 서로 다른 언어들에서는 다르게 표현되며 다르게 발음된다.

3 (역주) 스피노자는 이미 「지성개선론」에서 인식의 단계를 상상, 감각, 연역적 추론, 직관적 이성 인식 등으로 나누었는데 여기서 말하는 수동적 지성은 연역적 추

우리들의 정신은 이전에 자신이 가지지 못했던 다른 사고방식을 받아들이는 방식으로 변화한다. 그런데 어떤 사람이 자신에게 작용한 전체 대상 때문에 해당되는 사고형식이나 방식을 받아들인다면 그는 자기에게 작용하는 매우 많은 원인들을 가져 보지 않은 다른 사람보다 대상의 형식이나 성질에 대한 전혀 다른 느낌을 받아들이며, 따라서 또 다른 보다 가벼운 행동으로 사물에 대해서 긍정하거나 부정하게 된다는 것이 분명하다(왜냐하면 그는 오직 얼마 안 되는 또는 덜 중요한 그 대상의 속성들을 통해서만 그 대상을 알게 되기 때문이다). 이러한 것으로부터 우리는 진리에 자리 잡고 있는 사람의 완전성을 알며 이와 대조적으로 진리에 자리 잡지 못하고 있는 사람도 안다. 어떤 사람은 쉽사리 변하는데 비해서 다른 사람은 쉽게 변하지 않기 때문에 이로부터 어떤 사람은 다른 사람보다 더 많은 안정성과 본질을 가지고 있다는 사실이 따라 나온다. 마찬가지로 어떤 것과 일치하는 사고방식들은 그것들을 산출하기 위해서 보다 더 많은 원인들을 가지고 있기 때문에 자신들 안에 보다 더 많은 안정성과 본질을 가지고 있다. 그리고 그 사고방식들은 전적으로 어떤 것과 일치하기 때문에 얼마 후에 그것들이 다르게 되거나 어떤 변화를 겪으리라는 것은 불가능하며, 우리가 이미 앞에서 사물의 본질은 불변하다는 것을 알았기 때문에 그런 것은 더욱더 불가능하다. 그러한 것은 허위의 경우가 아니다. 이렇게 말한 것으로 앞에서의 물음들은 충분한 답을 찾았을 것이다.

론과 동일하다.

16

의지

이제 우리들이 선과 악, 진리와 허위가 무엇인지를 알고 또한 완전한 인간의 행복(hominis perfecti valetudo)이 무엇으로 성립하는지 알았고 지금은 우리들이 그와 같은 행복에 자발적으로 도달하는지 아니면 강제로 도달하는지의 여부를 우리들 스스로 검토하고 알기 시작하여야 할 시간이다.

이렇게 하기 위해서는 의지(voluntas)를 단정하는 사람들에게 있어서 의지가 무엇인지 그리고 어디에서 의지가 욕망(cupiditas)과 다른지 탐구할 필요가 있다. 욕망이란 정신이 선한 것으로 택하는 어떤 것으로 향하는 정신의 경향(inclinatio mentis)이라고 우리들이 말하였다. 이로부터 다음의 사실이 따라 온다. 즉 우리들의 욕망이 바깥의 어떤 것을 향하는 경향을 지니기에 앞서서 우리들은 이미 내면적으로 그와 같은 것은 선하다고 결정하였으며, 이와 같은 긍정은, 아니면 보다 더 일반적으로 말해서 긍정하고 부정하기 위한 능력은 의지라고[1] 일컫는다.

---

[1] 긍정 내지 결단(affirmatio sive decisio)으로 여겨지는 의지는 참다운 신념 및 속견과 다르다. 그것은 참답게 선하지 않은 것으로까지도 연장된다는 점에서 참다운 신

그런데 우리들의 긍정이 자발적으로 행해지는지 아니면 강제로 행해지는지, 곧 우리는 우리를 강제하는 어떤 외적 원인 없이도 어떤 것에 대해서 긍정하거나 부정할 수 있는지의 여부가 문제이다. 그런데 이미 우리는 자기 자신에 의해서(a se ipsa) 설명되지 않은 어떤 것은 또는 그것의 존재가 그것의 본질에 속하지 않는 어떤 것은 필연적으로 외적 원인(causa externa)을 가지지 않으면 안 된다는 것을 증명하였다. 그리고 어떤 것을 산출해야만 하는 원인은 그 어떤 것을 필연적으로 산출하지 않으면 안 된다. 그러므로 또한 다음의 사실이 따라 나오지 않으면 안 된다. 즉 이것이나 저것을 의욕하는[2] 각각의 분리된 행동은, 곧

념과 다르다. 왜냐하면 그러한 의지는 의지가 다를 수 없다는 것을 분명하게 아는 그러한 확신을 결여하고 있기 때문이다. 참다운 신념의 경우에는 참다운 신념으로부터만 선한 욕망들이 나오기 때문에 그와 같은 확신이 있으며 또한 있지 않으면 안 된다. 그러나 또한 의지는, 어떤 때는 전혀 오류를 범할 수 없고 확실하다는 점에서 속견과 다르다. 추측과 가정으로 성립하는 속견의 경우는 이와 다르다. 그래서 우리들은 확실성을 가지고 진전할 수 있는 한 의지를 신념이라고 부를 수 있으며, 의지가 오류에 종속되는 한 의지를 속견이라고 부를 수 있다.

2 다음의 사실은 분명하다. 즉 각각의 개별적인 의욕(volitio)은 그것을 존재하게 하는 외적 원인을 가지지 않으면 안 된다. 왜냐하면 존재(existentia)가 의욕의 본질(essentia)에 속하지 않는다는 것을 알면 의욕의 존재는 필연적으로 어떤 다른 것의 존재로부터 생기지 않으면 안 되기 때문이다. 사람들은 다음처럼 말한다. 즉 개별적인 의욕의 운동인(運動因)은 관념이 아니고 인간의 의지 자체이고, 지성은 지성 없이는 의지가 아무것도 할 수 없는 원인이므로 결정되지 않은 형태에 있어서의 의지와 또한 지성은 이성적 존재(entia rationis)가 아니라 현실적 존재(reale ens)인 것이다. 그러면 나는 다음처럼 답한다. 즉 나는 내가 의지와 지성을 주의 깊게 고찰할 때 그것들은 보편으로 나타나며 나는 그것들에게 어떤 현실성도 부여할 수 없다. 그렇지만 비록 그렇다고 할지라도 여전히 다음의 사실을 인정하지 않으면 안 되는 것이다. 즉 의욕은 의지의 변용이며(volitio voluntatis esse modificatio) 관념들은 지성의 양태이고 그러므로 지성과 의지는 필연적으로 다르고 실제로 별개의 실체들인 것이다. 왜냐하면 실체만 변용되고 양태 자체는 변용되지 않기 때문이다. 정신이 이 두 가지 실체들을 지배한다고 사람들이 말한다면 세 번째 실체가 존재하지 않으면 안 된다. 이 모든 것들은 너무 혼란스러워서 그것들에 대해서 명석판명한 관념을 가지는 것은 불가능하다. 왜냐하면 관념은 의지 안에 있지 않고 지성 안

어떤 사물의 이것이나 저것을 긍정하거나 부정하는 각각의 분리된 행동은 어떤 외적 원인에서 생기지 않으면 안 된다고 나는 말한다. 그러므로 또한 우리들이 어떤 원인에 대해서 부여한 정의(定義)는 그 원인이 자유로울 수 없다는 것이다.

에 있으므로 그리고 어떤 실체의 양태는 다른 실체로 넘어갈 수 없다는 규칙으로 인해서 사랑은 의지 안에서 생길 수 없기 때문이다. 그 이유인즉 의욕하는 능력 안에 어떤 것의 관념이 전혀 없을 때 그 어떤 것을 의욕하는 것은 자기모순을 범하기 때문이다. 만일 당신이, 의지가 지성과 통일됨으로써 의지는 지성이 이해하는 것을 알게 되고 그래서 또한 그것을 사랑한다고 말한다면 이에 대해서 어떤 사람은 다음처럼 반박할 것이다. 즉 앎 또한 파악이므로 그것은 지성의 한 양태이다. 그렇지만 앞의 것을 따를 때, 비록 지성과 의지의 통일이 신체와 정신의 통일과 같다고 할지라도 지성의 한 양태는 의지 안에 있을 수 없다. 왜냐하면 철학자들이 일반적으로 주장하는 것처럼 신체가 정신과 통일되어 있다고 가정하더라도 신체는 결코 느끼지 못하고 정신 또한 연장(延長)되지 않기 때문이다. 철학자들이 정신은 지성과 의지를 지배한다고 말할 때 이것은 생각조차 할 수 없을 뿐만 아니라 자기모순적이기까지 하다. 왜냐하면 그렇게 말함으로써 그들은 의지가 자유롭다는 것을 부정하는 것처럼 여겨지는데 이는 그들의 견해와 반대된다. 그러나 결론적으로 창조된 유한한 실체를 정립하는 것에 대한 나의 모든 반대를 제시할 생각은 없다. 나는 단지 간단히 의지의 자유(voluntatis libertas)는 그와 같은 영속적 창조와 결코 일치하지 않는다는 것, 곧 어떤 사물을 창조하기 위해서 어떤 것을 존재하도록 하는 동일한 작용이 신에게 요구된다는 것 그리고 그렇지 않으면 그 사물은 한순간도 지속하지 못한다는 것만을 보여 줄 것이다. 이렇기 때문에 어떤 것도 의지의 자유에 부여될 수 없다. 그러나 우리들은 신이 그 어떤 것을 현재 그것이 있는 그대로 창조했다고 말하지 않으면 안 된다. 왜냐하면 그것은 자신이 존재하는 동안 자기 자신을 존재하게 할 아무런 능력도 없는 것처럼 더 나아가 자기 자신에 의해서 어떤 것을 산출할 수 없기 때문이다. 그러므로 만일 어떤 사람이 정신은 자기 자신으로부터 의욕을 산출한다고 말한다면, 나는 어떤 능력으로 그렇게 하느냐고 묻는다. 지금까지 있어 온 것에 의해서가 아니다. 왜냐하면 그런 것은 더 이상 존재하지 않기 때문이다. 따라서 정신이 지금 가지고 있는 것에 의해서도 아니다. 왜냐하면 정신은 자신을 존재할 수 있게 하거나 단 한순간만이라도 지속하게 할 수 있는 것을 전혀 가지고 있지 않기 때문이다. 따라서 그럴 경우 자기 자신을 유지하기 위한 또는 어떤 것을 산출하기 위한 능력을 가진 것이 아무것도 없기 때문에 다음처럼 결론 내릴 수밖에 없다. 즉 신만이 만물의 운동인이며 또한 만물의 운동인이지 않으면 안 되고, 모든 의욕의 행동들은 오직 신에 의해서만 결정되는 것이다.

이것은 아마도 자연에 실제로 존재하는 개별적인 것들보다 이성적인 것들에(in entibus rationis) 습관적으로 자기들의 지성을 사용하는 사람들에게는 만족스럽지 못할 것이다. 그 사람들은 지성으로 이성적인 것들을 취급함으로써 이성적인 것을 그 자체로서 고찰하지 않고 현실적인 것으로 고찰하게 된다. 왜냐하면 인간은 지금은 이 의욕을, 다음에는 저 의욕을 가지고 있으므로 자신의 정신 안에 자신이 의지라고 부르는 보편적인 사유의 양태를 형성한다. 이는 마치 그가 이 인간 그리고 저 인간으로부터 인간의 관념(idea hominis)을 만드는 것과도 같다. 그리고 그가 이성적인 것들로부터 현실적인 것들을 제대로 구분하지 못하기 때문에 그는 이성적인 것들을 자연에 실제로 존재하는 것들로 여기게 된다. 그래서 그는 자기 자신을 어떤 것들의 원인으로 여긴다. 이러한 일은 우리들이 말하고 있는 주제를 다루는 데 자주 일어난다. 만일 우리가 어떤 사람에게 '왜 인간은 이것이나 아니면 저것을 원하는가'라고 묻는다면, 그는 인간이 의지를 가지고 있기 때문이라고 답할 것이다. 그러나 의지는 우리들이 말한 것처럼 우리들이 이것이나 저것을 의욕하는 것에 대한 관념일 뿐이며 단지 사유의 양태일 뿐이고 현실적인 것이 아니라 이성적인 것이기 때문에 의지로부터는 아무것도 생길 수 없다. 왜냐하면 무(無)로부터는 무(無)가(ex nihilo nihil) 나올 뿐이기 때문이다. 그러므로 의지는 자연 안에 있는 어떤 사물이 아니라 단지 허구일 뿐이라는 것을 우리가 제시한 것처럼 나는 또한 의지가 자유로운지 아니면 자유롭지 않은지의 여부를 묻는 것은 필요하지 않다고 생각한다.

나는 이것을 우리가 사유의 양태라고 제시한 의지일반에 대해서만 말하지 않고, 어떤 사람들이 그 의욕의 활동을 긍정 및 부정과 동일시한 이것이나 저것을 의욕하는 개별적인 의욕활동에 대해서도 말한다.

그런데 이러한 사실은 우리가 이미 말한 것에 주의를 기울이는 모든 사람에게는 확실히 분명할 것이다. 왜냐하면 지성은 순수하게 수동적이라고 우리들이 말했기 때문이다. 지성은 사물들의 본질과 존재에 대한 정신 안의 지각(in mente perceptio)이다. 그러므로 한 사물에 대해서 긍정하거나 부정하는 것은 결코 우리들이 아니고, 우리들 안에서 한 사물에 대해서 어떤 것을 긍정하거나 부정하는 것은 그 사물 자체이다.

아마도 어떤 사람들은 이러한 사실을 인정할 것이다. 왜냐하면 그들은 자기들이 그 사물에 대해서 아는 것과는 다른 어떤 것을 그 사물에 대해서 자기들이 능히 긍정하거나 부정할 수 있기 때문이다. 그러나 이것은 단지 그들이 사물을 표현하는 말을 떠나서 또는 그러한 말 없이 정신이 사물에 대해서 가지는 개념의 관념을 전혀 가지고 있지 않기 때문이다. 다음과 같은 점은 참으로 사실이다. 즉 (우리들을 그렇게 하도록 촉구하는 그러한 이유들이 있을 경우) 우리들은 말로, 아니면 어떤 다른 수단에 의해서 사물을 우리가 사실로 아는 사물과 다르게 다른 사람들에게 표현할 수 있다. 그러나 우리들은 말이나 아니면 어떤 다른 수단에 의해서나 우리가 사물들에 대해서 느끼는 것과 다르게 느낄 정도로까지는 결코 행동할 수 없다. 그러한 것은 불가능하며, 분명히 말이나 다른 의미 있는 기호들의 사용을 떠나서 한 때 자기들의 지성 자체에 주의를 기울였던 모든 사람들에게도 그러한 것은 불가능하다.

그렇지만 아마도 어떤 사람들은 이에 반대하여 다음처럼 말할 수 있을 것이다. 만일 우리들 안에 있는 사물자체에 대해서 긍정하고 부정하는 것이 우리가 아니고 사물자체라고 한다면, 그 사물과 일치하는 것 이외에는 어떤 것도 긍정되거나 부정될 수 없고 따라서 어떤 허위도 존재할 수 없다. 왜냐하면 우리들은 오류란 사물과 일치하지 않는 사물의 어떤 것을 긍정하거나 부정하는 데서 성립한다고, 곧 사물이 자기 자신에 대해서 긍정하거나 부정하지 않는 것이라고 말했다. 그렇지만 나는 다음처럼 생각한다. 즉 만일 우리들이 진리와 허위에 대해서 말한 것을 잘 고찰하기만 한다면 우리들은 이와 같은 반대들에 대해서 이미 충분하게 답했다는 것을 바로 알 것이다. 왜냐하면 우리가 대상이란 사물이 참답든지 아니면 그르든지 간에 사물에 대한 긍정이나 부정의 원인이라고 말했기 때문이다. 말하자면 우리가 어떤 것이나 어떤 대상의 일부를 알게 될 때 대상은 그럼에도 (비록 우리들이 대상에 대해서 아주 조금 밖에 알지 못한다고 할지라도) 그 자신의 어떤 것을 전체로서 긍정하거나 부정하기 때문에 허위가 생긴다. 이것은 대부분 연약한 영혼에서 생기는데, 이러한 영혼은 대상의 가벼운 활동을 통해서 대상의 양태(樣態)나 관념을 매우 쉽게 받아들이며 이러한 것 말고는 더 이상 긍정이나 부정을 행하지 않는다.

마지막으로 또한 우리는, 예컨대 어떤 사물에 대해서 어떤 것을 단언하거나 또는 단언하지 않기 위해서, 진리를 말하거나 또는 말하지 않기 위해서 등등처럼 우리들이 어떤 때는 원하고 또 어떤 때는 원하지 않는 많은 것들이 존재한다는 것 역시 반대할 수 있다. 그러나 이러한 것은 욕망이 의지와 제대로 구분되지 않은 사실에서 생긴다. 왜냐하면 의지가 존재한다고 주장하는 사람들에 의하면 의지란 선과 악에 관련하여 우리들로 하여금 어떤 사물의 어떤 것을 긍정하거나 부정하게 하는 지성의 활동에 불과하기 때문이다. 그렇지만 욕망(cupiditas)은 어떤 것 안에서 분간할 수 있는 선과 악을 위해서 어떤 것을 획득하거나 행하기 위한 영혼의 경향이다. 그래서 우리들이 사물을 긍정하거나 부정한 이후에도, 말하자면 사물이 선하다고 우리들이 확인하거나 긍정했을 경우에도 여전히 의지는 남아 있다. 어떤 사람들의 언명에 따르면 그러한 것이 의지인 반면에[3] 욕망은 욕망의 경향을 진전시키기 위해서 우리들이 오직 나중에만 느끼는 경향이다. 그러므로 어떤 사람들의 언명에 대해서도 의지는 욕망 없이도 존재할 수 있지만 욕망은 의지 없이 존재할 수 없는데 의지는 욕망에 선행하는 것이 분명하다.

그러므로 우리들이 앞에서 말한 모든 활동들은 선의 형태 아래에서 이성에 의해서 수행되거나 또는 악의 형태 아래에서 이성에 의해서 방해당하기 때문에 욕망이라고 일컬어지는 경향에 종속될 수 있을 뿐이며 결코 부적절하게 의지의 명칭에 종속될 수 없다.

---

3 (역주) 사물이 선하다고 우리들로 하여금 확인하거나 긍정하도록 하는 것이 의지라는 뜻이다.

17

의지와 욕망의 구분

우리는 긍정하거나 부정할 어떤 자유의지도 가지고 있지 않다는 것이 분명하므로 의지와 욕망(voluntas et cupiditas) 사이의 옳고 참다운 구분이 무엇인지, 곧 옛 로마인들이 볼룬타스(voluntas)라고 부른 의지가 본래 무엇일 수 있는지 알아보기로 하자.

아리스토텔레스의 정의(定義)에 따르면 욕망은 두 가지 종(種)들을 포함하는 유(類)로 여겨진다. 왜냐하면 그는, 의지란 사람들이 선한 또는 선하게 여겨지는 것에 대해서 느끼는 욕구(appetitus)나 경향이라고 말하기 때문이다. 그가 욕망을 (또는 쿠피디타스 cupiditas를) 선을 향한 것이든 악을 향한 것이든 간에 어떤 경향(conatus)이라는 의미로 보는 것은 어디서부터 나에게 그렇게 나타나는가? 그러나 경향이 오직 선한 것 또는 선하게 여겨지는 것만 향할 때 또는 그와 같은 경향을 가진 인간이 선의 겉모습 아래에서 그러한 경향을 가질 때 그는 그 경향을 의지(voluntas) 또는 선한 의지라고 부른다. 반면에 만일 그러한 경향이 악하다면, 곧 다른 사람에게서 악한 어떤 것을 향한 경향이 관찰되면 그는 그것을 볼룹타스(voluptas) 또는 악한 의지라고 부른다. 그러므로 정신의 경향은 긍정하거나 부정하게 하는 것이 아니고, 단지 선으로 나타나는 것을 획득하게 하는 경향일 뿐이며 또한 악으로 나타나는 것을 피하게 하는 경향에 지나지 않는다.

그렇기 때문에 이제는 욕망이 자유로운지 아니면 그렇지 않은지의 여부를 탐구하는 일이 남아 있다. 우리가 이미 말한 것, 곧 욕망은 자신의 대상에 대한 관념에 의존하며 이와 같은 이해는 외적 원인을 가지지 않으면 안 된다는 것에 덧붙여서 그리고 우리들이 의지에 대해서 말한 것에 덧붙여서 욕망은 자유롭지 않다는 것을 증명할 일이 여전히 남아 있다.

비록 많은 사람들이, 다양한 것들에 대해 가지고 있는 인간의 인식이 그의 욕구를 어떤 것에서 다른 것으로 이전하게 하는 수단이라는 것을 매우 잘 안다고 할지라도 그들은 무엇이 경향을 어떤 것에서 다른 것으로 이전하도록 유인하는지 관찰하는 데는 실패한다. 그렇지만 이와 같은 우리들의 경향이 우리 자신의 자유의지에 대한 것이 아니라는 것을 제시하기 위해서, 그리고 어떤 것에서으로부터 다른 것으로 이전되고 유인되어야 할 것이 무엇인지 우리 눈앞에 생생하게 제시하기 위해서 우리는 처음으로 어떤 것을 알게 되는 어린아이를 상상해 보자. 예컨대 나는 아이 앞에 작은 종을 들고 있는데, 이 종은 아이의 귀에 즐거운 소리를 들려주며 따라서 아이는 종에 대한 욕구를 가진다. 그런데 이제 어린아이가 이러한 욕구나 욕망을 가지기를 중지할 수 있는지의 여부에 대해서 살펴보자. 만일 당신이 아이가 중지할 수 있다고 말한다면, 나는 어떤 원인을 통해서 그럴 수 있느냐고 묻겠다. 확실히 어린아이가 더 잘 아는 어떤 것을 통해서가 아니다. 왜냐하면 이 욕구는 어린 아이가 아는 유일한 것이기 때문이다. 또한 종이 어린아이에게 나쁜 것으로 나타나기 때문에 그런 것도 아니다. 왜냐하면 그는 다른 어떤 것도 알

지 못하며 이와 같은 쾌적함은 지금까지 어린 아이에게 찾아 온 최선의
것이기 때문이다. 그러나 어린아이는 아마도 자기가 느끼는 욕구를 자
신으로부터 쫓아버릴 자유를 가지고 있을 것이다. 이로부터 다음의 사
실이 따라 나올 것이다. 즉 이와 같은 욕구는 물론 우리의 자유의지 없
이도 우리들 안에 생기겠지만 그럼에도 우리는 그 욕구를 우리에게서
쫓아낼 수 있는 자유를 우리 안에 가지고 있는 것이다. 그렇지만 이와
같은 자유는 최소한의 시험도 견딜 수 없다. 이와 같은 욕구를 무화시
킬 수 있는 것이란 도대체 무엇일까? 욕구자체(appetitus ipse)인가?
분명히 아니다. 왜냐하면 자기 자신의 본성을 통해서 자기 자신을 파괴
하려는 것은 어떤 것도 존재하지 않기 때문이다. 어린아이를 이와 같은
욕구로부터 멀리 떨어지게 할 수 있는 것은 원래 무엇일 수 있을까? 실
로 그것은 어린아이가 자연의 질서와 과정을 통해서 쾌적함을 느끼는
어떤 것에 의해서 영향을 받는 것 뿐이다.

　그러므로 우리들이 의지(voluntas)를 고찰할 때 인간의 의지는 이러
저러한 의욕(volitio)에 지나지 않는다고 말한 것과 마찬가지로 우리가
가지고 있는 욕망(cupiditas)은 이러저러한 관념에 의해서 생길 뿐이
다. 그와 같은 욕망은 자연 안에 실제로 존재하는 것이 아니고, 이것이
나 저것을 욕구하는 개별적 행동으로부터 추상된 것에 지나지 않는다.[1]
그렇다면 욕망은 실제로 아무것도 아닌 것으로서 현실적으로 어떤 것
도 생기게 할 수 없다. 그래서 욕망이 자유롭다고 말할 경우 그것은, 이

---

1 (역주) 「에티카」에서 스피노자는 욕망이론을 체계적으로 전개하고 있다. 모든 욕망
　들의 원천은 경향(conatus)이나 성향인데 이것은 근원적인 에너지 내지 힘에 해당
　한다. 이 경향이 개체에서 구체적으로 작용하면 그것은 욕구(appetitus)로 된다. 이
　러한 욕구가 의식될 경우 우리들은 그것을 욕망(cupiditas)이라고 부른다. 스피노
　자는 이 논문에서 「에티카」의 욕망 이론의 기초가 되는 자신의 고유한 윤곽을 충분
　히 제시하고 있다.

또는 저 욕망은 그 자신의 원인이다라고, 곧 그런 욕망은 자신이 존재
하기에 앞서서 이미 자신이 존재하여야 할 것을 정했다라고 말한 것과
같은데, 이러한 사실은 그 자체가 부당하며 있을 수도 없다.

18

전술(前述)한 것의 유용성

그러므로 이제 우리들은 인간은 자신이 의존하고 지배당하는 자연 전체의 한 부분으로서 자신의 안녕과 행복을 위해서 자기 자신에 의해서 (ex se ipso ad salutem valetudinemque)[1] 아무것도 행할 수 없다는 것을 안다. 그러면 우리들의 이와 같은 주장으로부터 어떤 유용성을 우리가 도출해 낼 수 있는지 일단 알아보기로 하자. 그러한 유용성은 어떤 사람들에게는 적지 않게 공격적으로 여겨진다는 사실을 우리가 의심하지 않기 때문에 우리가 유용성을 도출해 내는 일은 한층 더 필요하다.

이로부터 첫 번째로 다음의 사실이 따라 나온다. 즉 우리들은 실제로 신의 하인이며 종이고, 필연적으로 그런 존재가 되는 것이 우리들의 가장 커다란 완전성이다. 왜냐하면 우리가 우리들 자신에게 던져져서 신에게 의존하지 않는다면 우리들은 거의 아무것도 이루어 낼 수 없을 것이고 바로 우리들의 운명을 한탄하게 될 것이기 때문이다. 이는 특히

---

1 (역주) 역자가 이미 앞에서 밝힌 것처럼 salus는 안녕, 신체와 정신의 건강, 행운, 구원, 개인의 안전 등의 의미한다. valetudo 역시 salus와 유사한 의미를 가지는데 안녕, 건강, 건강 상태 등을 뜻한다. 여기서는 valetudo를 행복으로 옮겼다.

말하자면 우리가 지금 보는 다음과 같은 것과 대비된다. 즉 우리들은 전체의, 곧 그의 한 부분으로서 존재하는 그와 같은 방식으로 모든 것들의 가장 완전한 것에 의지하고 있는 것이다. 그리고 우리들은 말하자면 기술적으로 배열되고 완전한 수많은 작품들에 우리들의 몫을 주는데, 이 작품들은 신에게 의존한다.

두 번째로 이러한 인식은, 우리들이 탁월한 일을 수행한 후 그것에 대해서 자만하지 않도록 해 준다(그것에 대해서 자만하게 되는 것은 이제 우리들은 위대하고 더 이상 아무것도 필요하지 않다는 생각에 우리들을 안주하게 하는 원인이다. 이런 생각은 바로 우리의 완전성을 방해하는데, 우리의 완전성은 우리가 언제나 계속해서 도달하려고 애쓰지 않으면 안 되는 곳에서 성립한다). 오히려 우리들은 반대로 우리가 행하는 모든 것을 신의 것으로 돌린다. 신은 우리들이 수행하고 완성하는 모든 것에 대한 최초의 유일한 원인이다.

세 번째로 이러한 인식은 이웃의 참다운 사랑이 우리들을 감동시키는 것에 덧붙여서 우리들이 결코 이웃을 미워하지 않게 하며 또한 이웃에게 화내기 않게 하고, 그를 도와주기 위해서 그리고 그를 개선하기 위해서 사랑하도록 한다. 이 모든 것들은 커다란 완전성과 본질을 소유한 인간들의 행동이다.

네 번째로 이러한 인식은 가장 큰 일상적 선을 촉진하는 데 기여한다. 왜냐하면 그와 같은 인식에 의해서 재판관은 결코 다른 사람들보다 어떤 특정한 사람을 자신의 편으로 만들 수 없으며, 어떤 사람을 처벌해야만 하고 다른 사람을 상 주어야 할 경우, 그는 다른 사람과 마찬가지로 어떤 사람을 도와주고 개선하려는 생각으로 그렇게 행동할 것이다.

다섯 번째로 이러한 인식은 우리들을 슬픔, 절망, 질투, 공포 그리고 다른 악한 정념들로부터 해방시켜 주는데, 이러한 악한 정념들은 우리들이 나중에 말하는 것처럼 지옥 자체(Gehenna ipsa)이다.

여섯 번째로 이러한 인식은, 마치 다른 사람들이 악마(Diabolus)가 자기들에게 어떤 악을 행하지 않을까 하여 악마를 두려워하는 것처럼 마찬가지로 우리들로 하여금 신을 두려워하지 않도록 한다. 실로 왜 우리들은 최고선 자체(ipsum summum bonum)인, 그리고 그를 통해서 모든 것들이 존재하며, 또한 그에 의해서 그 안에 우리들이 살고 있는 신을 두려워하여야 하는가?

일곱 번째로 신은 가장 영광스럽고 가장 완전하기 때문에 이와 같은 인식은 또한 우리들로 하여금 모든 것을 신의 것으로 돌리도록 하며 따라서 우리들 자신을 완전히 신에게 바치도록 한다. 왜냐하면 이러한 것들이 실제로 신에 대한 참다운 봉사와 우리들 자신의 영원한 행복과 축복을 형성하기 때문이다. 그 이유인즉 종(servus)과 도구의 유일한 완전성과 궁극적 목적은 종과 도구가 당연히 자기들에게 부과된 과업을 완성하는 일이기 때문이다. 예컨대 만일 어떤 목수가 어떤 일을 하는 동안에 자신의 자귀가 두드러지게 도움이 된다는 것을 발견한다면, 자귀는 목적과 완전성을 얻는다. 그러나 만일 목수가, 이 자귀는 이제 나에게 매우 훌륭하게 봉사했으니 내가 그것을 쉬게 할 것이고 더 이상 그것의 봉사를 기대하지 않는다고 생각했다면 정확히 이 자귀는 자신의 목적달성에 실패할 것이고 더 이상 자귀가 아닐 것이다. 그러므로 또한 인간은 자연의 한 부분인 한 자연법칙들(leges naturae)을 따르지 않으면 안 되는데 이것이 바로 예배(Dei servitium)이다.[2] 그리고 인간이 그러한 것을 행하는 한, 인간은 행복 속에서 기쁘다. 그렇지만, 만일

2 (역주) Dei servitium은 '신에게 대한 인간의 봉사'로서 예배를 뜻하며 이 예배가 바로 종교(religio)인 것이다

신이 더 이상 인간들이 자신을 예배하지 않기를 원한다면 그것은 마치 인간들이 자기들의 행복을 빼앗기고 파괴하는 것이나 마찬가지이다. 왜냐하면 존재하는 모든 것들은 신에게 봉사하는 사실 안에 존재할 수 있기 때문이다.

19

우리들의 행복

참다운 신념의 유용성을 알아 본 다음에 우리들은, 우리가 약속한 것을 실행하려고 애쓸 것이다. 말하자면 우리는 이미 우리가 가지고 있는 인식을 통해서 (무엇이 선이고 악이며, 무엇이 진리이고 허위이며, 일반적으로 무엇이 이 모든 것들의 유용성인지에 대해서) 나는 우리들의 행복, 곧 신의 사랑에(ad valetudinem nostram scil. Dei amorem) (우리들은 신의 사랑을 최고의 행복으로 보았는데) 도달할 수 있는지 그리고 또한 우리가 악이라고 판단한 정념들로부터 어떤 방법으로 우리들 자신을 해방시킬 수 있는지 탐구하려고 노력할 것이다.

그러면 마지막의 것, 곧 악한 정념들로부터의 해방에 대해서(de liberatione a malis passionibus)[1] 가장 먼저 말하기 위해서 나는 다음처

---

[1] 선한 이성(bona ratio)과 모순되는 모든 정념들은 (앞에서 증명한 것처럼) 속견에서 생긴다. 정념들 안에 있는 선하거나 악한 모든 것은 참다운 신념에 의해서 우리들에게 드러난다. 그렇지만 이들 선한 것과 악한 것 또는 이들 중 어느 한 가지는 정념들로부터 우리들을 해방시킬 수 없다. 말하자면 세 번째 종류의 참다운 인식만 우리들을 정념들로부터 해방시킨다. 그리고 다음에 증명되는 것처럼(22장) 참다운 인식이 없으면 우리가 정념들로부터 해방되는 것은 불가능하다. 이것은 비록

럼 말한다. 만일 그 정념들이 우리가 그것들에게 부여한 원인들 이외의 다른 원인들을 가지고 있지 않다면, 이제 우리들은 진리와 허위의 기준을 가지고 있으므로 우리들이 매우 쉽게 행할 수 있는 것처럼[2] 우리들의 지성을 우리가 옳게 사용한다는 것만 전제되어 있다면 우리들은 결코 그러한 정념들에 빠지지 않을 것이다.

그렇지만 이제 우리들이 증명하지 않으면 안 되는 것은 정념들이 어떤 다른 원인들도 가지고 있지 않다는 것이다. 내가 생각하기에 이를 위해서 정신은 물론이고 신체에도 연관하여 우리들 전체에 있어서 우리들 자신을 탐구할 것이 요구된다.

그리고 우리는 먼저 자연 안에는 신체가 있어서 그것의 형태와 활동들을 통해서 우리들은 영향을 받고 따라서 신체를 알게 되는 것이다. 그리고 우리들이 이렇게 하는 이유는, 우리들이 신체의 활동들과 그 활동들이 산출하는 결과들을 통찰하게 될 때 또한 저 모든 정념들에 대한 가장 첫 번째의 원인을 발견할 것이기 때문이다. 그리하여 동시에 그러한 원인에 의해서 저 모든 정념들이 소멸될 수도 있다. 이로부터 그 경우 우리들은 이성의 도움을 받아서 그것을 행할 수 있는지의 여부 역시 알 수 있을 것이다. 그러면 우리들은 계속해서 신에 관한 우리들의 사랑에 대해서(de amore nostra erga Deum)도 말할 것이다.

다른 명칭을 가지고 일지라도 다른 사람들이 수없이 말하고 기술하는 그러한 것이 아닐까? 우리들이 속견을 죄악으로 어떻게 적절하게 이해할 수 있고, 신념은 죄악을 알게 해 주는 법칙으로 그리고 참다운 인식은 우리들을 죄악에서 해방시켜 주는 은총으로 우리들이 어떻게 적절하게 이해할 수 있는지를 누가 알지 못하겠는가?

2 우리들은 매우 쉽게 행할 수 있다. 곧 우리들이 선과 악에 대한 온전한 인식을 가지고 있을 경우 그렇다. 왜냐하면 그럴 경우 정념들을 생기게 하는 것에 우리가 종속되는 것은 불가능하기 때문이다. 그 이유는 우리들이 최선의 것을 알고 행위할 경우 최악의 것은 우리들에게 대해서 아무런 힘도 가지지 못하기 때문이다.

그런데 자연 안에 신체가 있다는 것을 증명하는 일은 우리들에게 전혀 어려운 과제가 아니다. 왜냐하면 우리들은 이미 신이 존재한다는 것을 그리고 신이 무엇인지를 알고 있기 때문이다. 우리들은 신을 무한한 속성(屬性)들을 가진 존재자로 정의하였는데, 각각의 속성은 무한하고 완전하다. 그리고 연장(extensio, 延長)은 그것의 유(類)에 있어서 무한하다고 우리들이 증명한 속성(attributus)이기 때문에, 연장은 따라서 필연적으로 또한 저 무한한 존재자의 속성이어야만 한다. 그리고 우리들이 이와 같은 무한한 존재자가 현존한다는 것을 증명한 것처럼 이와 같은 속성도 현존한다는 사실이 즉시 따라 나온다.

게다가 무한한 자연(natura infinita) 이외에는 어떤 존재자도 없고 또 있을 수도 없다는 것을 우리들이 증명했기 때문에 다음의 사실이 명백하다. 즉 우리들을 지각하게 하는 신체의 이와 같은 결과는 연장 자체(ipsa extensio) 이외의 어떤 다른 것으로부터도 생길 수 없다. 그리고 또한 이러한 결과는 두드러지게 연장을 가진 (마치 어떤 사람들이 그렇게 주장하려고 하는 것처럼) 것으로부터도 생기지 않는다. 왜냐하면 (앞의 제1장에서 우리가 주장한 것처럼) 그러한 것은 전혀 존재하지 않기 때문이다.

그러므로 우리들은 다음의 사실에 주목하지 않으면 안 된다. 즉 필연적으로 연장에 의존하는 것으로 여겨지는 모든 것들은 운동과 정지(motus et quietas)처럼 이러한 속성에 기인하지 않으면 안 된다. 왜냐하면, 이런 결과들을 산출할 수 있는 힘이 자연에 존재하지 않았다면 (설령 자연이 다른 많은 속성들을 가지고 있을 수 있다고 할지라도) 이런 결과들이 존재한다는 것은 불가능할 것이기 때문이다. 그 이유인즉, 만일 한 사물이 어떤 것을 산출하여야만 한다면, 그 사물 안에는 다른 것이 아니라 그 사물로 하여금 어떤 것을 산출할 수 있게 하는 것이 존

재하지 않으면 안 된다. 우리들은, 우리가 방금 여기에서 연장에 대해
서 말한 것과 똑같은 것이 사유(思惟)에 관해서도 그리고 더 나아가서
존재하는 모든 것에 대해서도 언급되었으면 한다.

   그리고 다음의 사실에 주의하지 않으면 안 된다. 즉 우리들 안에 인
식가능성 없이 존재하는 것은 아무것도 없다. 그러므로 만일 우리들이
우리 안에는 사유하는 것의 결과와 연장의 결과 이외에는 다른 어떤 것
도 없다는 것을 발견한다면, 우리는 우리 안에는 다른 아무것도 없다고
확실하게 말할 수 있다.

   이들 두 가지를 확실하게 이해하기 위해서 우리는 우선 그것들을 그
자체만 다룰 것이고 다음에는 두 가지를[3] 함께 취급할 것이다. 두 가지
의 결과들도 마찬가지로 다룰 것이다.

   그런데 우리들이 오직 연장만을 고찰할 경우 우리들은 연장 안에서
운동과 정지 이외에는 아무것도 알지 못하게 되는데, 운동과 정지로부
터 연장에서 생기는 모든 결과들을 발견한다. 그리고 신체의 이들 두
가지 양태들(modi)은[4] 다른 것을 변화시키는 것은 불가능하고 오직 그
것들 자체만을 변화시킬 수 있다. 그러므로 한 개의 돌멩이가 조용히
놓여 있을 경우, 그것이 사유의 힘이나 다른 것에 의해서 움직여지는
것은 불가능하다. 그러나 보다 더 큰 운동력을 가진 다른 돌멩이가 이
돌멩이를 움직이게 할 경우에 이 돌멩이는 물론 운동에 의해서 움직일
수 있다. 마찬가지로 또한 움직이는 돌멩이는 보다 더 적은 운동을 소
유하는 어떤 다른 것에 의하지 않고는 정지하게 되지 않을 것이다. 따
라서 어떤 사유의 양태도 신체 안으로 운동이나 정지를 가지고 올 수
없다는 결론이 나온다. 그렇지만 우리가 우리들 안에서 고찰하는 것에

---

3   (역주) 두 가지는 연장(延長)과 사유(思惟)를 말한다
4   (역주) 두 가지 양태들은 운동과 정지를 말한다.

따라서 다음의 사실이 생길 것이다. 즉 한 방향으로 움직이고 있는 신체는 그럼에도 다른 방향으로 방향을 바꿀 수 있다. 이는 마치 다음의 경우와 같다. 즉 나는 내 팔을 뻗음으로써 이미 다른 방향으로 움직이고 있던 생생한 정신을 비록 항상은 아닐지라도 지금 언급할 것처럼 이 방향으로 움직이게 하는 것이다.

이러한 것의 원인은 오직 다음의 사실이다. 즉 정신은 신체의 관념으로서 신체와 통일되어 있어서 그렇게 구성된 정신과 이 신체는 함께 전체를 형성한다.

또 다른 또는 사유하는 속성의 가장 중요한 결과는 사물들의 관념(idea rerum)인데, 이것은 사물들을 이해하는 방식에 따라서 때로는 증오 때로는 사랑(vel odium vel amor)으로 생긴다. 이와 같은 결과는 어떤 연장(延長)에도 적용될 수 없는 것처럼 어떤 연장에도 기인할 수 없고 오직 사유(思惟)에만 기인할 것이다. 그래서 이러한 양태에서 일어나게 되는 변화들은 무엇이든지 간에 결코 연장에서 찾아서는 안 되고 오로지 사유하는 것 안에서만 찾아야 한다. 우리들은 이러한 사실을 사랑의 경우에서 알 수 있다. 사랑은 억압당하든지 또는 각성하게 되든지 간에 관념 자체에 의해서 영향을 받을 수 있을 뿐이며, 이미 우리들이 주의한 것처럼 이러한 것은 악한 어떤 것이 대상 안에 있는 것으로 지각되기 때문에 아니면 보다 더 선한 어떤 것이 알려지기 때문에 생긴다. 그런데 이 속성들이 어떤 것을 다른 것에 작용하게 할 때마다 어떤 것이 다른 것으로부터 받는 수동성이 생긴다. 말하자면 (연장의 경우) 우리가 원하는 어떤 방향으로 향해서든지 방향을 돌릴 수 있는 힘을 우리들이 가진 운동을 결정함으로써 그러한 수동성이 생긴다. 그러면 어떤 것이 다른 것에 의해서 수동적으로 영향을 받게 되는 과정은 다음과 같다. 즉 우리들이 이미 주목한 것처럼 신체 내의 영혼은 다른 경우에는 한 방향으로 움직일 생생한 정신(spiritus)을[5] 다른 방향으로 움직이게 하며, 그리고 이 생생한 정신들 역시 운동하게 됨으로써 우리들이 이유도 알지 못하고 때때로 우리들 안에서 발견하게 되는 불안을 초래하고 야기시킨다. 그렇지 않다면 우리들은 일반적으로 불안의 이유들을 잘 안다.

그러나 더 나아가서 생생한 정신들을 움직이기 위해 영혼이 가진 힘은 생생한 정신들의 운동이 많이 감소되기 때문에 또는 많이 증가되기 때문에 방해받을 수 있다. 다음의 경우는 감소되는데 즉 우리들이 많이 달리면 생생한 정신들은[6] 신체에 평상시보다 훨씬 더 많은 운동을 부여하고 이러한 운동을 상실하여 필연적으로 많이 쇠약해진다. 이런 일은 음식을 너무 적게 취해서 생길 수도 있다. 또 다음의 경우는 증가되는데 즉 포도주나 다른 강한 음료를 지나치게 많이 마심으로써 우리들은 흥겹게 되거나 아니면 취하게 되어서 영혼은 신체를 통솔할 어떤 힘도 가질 수 없게 되어 버린다.

영혼이 신체에 대해서 미치는 영향들을 고찰했고 이제 우리들은 신체가 영혼에 대해 미치는 영향들을 살펴보기로 하자. 이 영향들 중에서 가장 중요한 것으로 우리들이 제시하는 것은, 신체가 영혼으로 하여금 신체를 알게 하며 또한 신체를 통해서 다른 신체들(alia corpora)[7]도 알게 한다는 것이다. 이것은 운동과 정지가 결합해서 일어나며 다른 것에

---

5 (역주) 정신(spiritus)은 바람, 입김의 뜻 이외에도 영혼, 정신의 의미도 갖고 있으나 여기에서는 영혼(mens나 anima)보다 하위 개념으로 사용되고 있다.

6 (역주) 여기에서 정신(spiritus)은 앞의 역주에서도 지적한 것처럼 특수한 개별적인 정신이다. 그러나 영혼(mens나 anima)은 한 개인의 영혼을 말한다. 예컨대 철수는 몸과 영혼을 가지고 있으면서도 팔, 다리, 가슴, 배… 등을 가지고 있고 이것들에 해당하는 개별적인 정신(생생한)도 가지고 있다.

7 (역주) 다른 신체들은 다른 사람들의 몸을 뜻하지만 넓은 의미에서는 다른 사물들을 의미한다.

의해서는 결코 일어나지 않는다. 왜냐하면 신체는 운동과 정지에 의해
서만 작용하고 다른 어떤 것으로도 작용하지 않기 때문이다. 그러므로
이와 같은 앎을 빼놓고는 영혼에 들어오는 것은 무엇이든지 간에 신체
를 통해서 생길 수 없다. 그리고 영혼이 알게 되는 첫 번째 것이 신체인
것과 마찬가지로 결국 영혼은 신체를 사랑하며 신체와 통일하게 된다.
그러나 앞에서 이미 우리들이 말한 것처럼 사랑과 증오와 슬픔의 원인
은 신체가 아니라 오직 영혼에서만 찾지 않으면 안 되기 때문에 (신체
의 모든 활동은 운동과 정지로부터 진행되지 않으면 안 되므로) 그리
고 우리들은 하나의 사랑이 그보다 더 나은 어떤 것을 알게 되자마자
처음의 사랑과는 종말을 고한다는 것을 명석판명하게 알기 때문에 이
로부터 분명히 다음의 사실이 따라 나온다. 즉 우리들의 신체를 아는
인식처럼 명백한 적어도 그러한 인식을 가지고 우리들이 신을 인식하
게 되면, 우리들은 우리의 신체와 통일되는 것보다 더 긴밀하게 신과
통일되는 것이 확실하며 사실상 신체로부터 해방된다. 나는 더 긴밀하
게라고 말하는데, 그 이유인즉 우리들이 이미 앞에서 신 없이는 우리들
이 존재할 수도 없으며 알려질 수도 없기 때문이다. 그리고 이것은, 다
른 모든 것들의 경우와 마찬가지로 어떤 다른 것에 의해서가 아니라 우
리들이 앞에서 이미 증명한 것처럼 오직 신 자신을 통해서만 우리가 신
을 알며 또한 신을 알지 않으면 안 되기 때문이다. 실로 우리들은, 우리
가 우리 자신을 아는 것보다도 신을 더 잘 안다. 왜냐하면 신 없이는 우
리가 우리들 자신을 알 수 없을 것이기 때문이다.

　지금까지 우리들이 말한 것으로부터 우리들은 정념들의 주요 원인들
이 어떤 것인지 쉽사리 알 수 있다. 왜냐하면 신체와 그것의 결과들인
운동과 정지는 영혼에게 자기들을 영혼의 대상으로 알려지게 하는 것
이외에는 달리 영혼에게 영향을 미칠 수 없기 때문이다. 그리고 그것들

이 영혼에게 제시하는 현상에 따라서, 곧 그것들이 선하게 또는 악하게[8]
나타남에 따라서 영혼은 그것들의 영향을 받으며, 그것은 신체가 신체
인 한에서가 (왜냐하면 이 경우 신체는 정념들의 주요 원인일 것이기
때문에) 아니라 신체가 다른 모든 대상들과 마찬가지로 하나의 대상인
한 성립하는데, 이 다른 모든 대상들은 만일 영혼에게 자기 자신들을
똑같은 방법으로 드러내게 된다면 역시 똑같은 방법으로 활동할 것이
다. 그렇지만 이로써 나는, 비물질적인 것들에 대한 고찰로부터 성립하
는 사랑과 증오와 슬픔이 물질적인 것들에 대한 고찰로부터 생기는 결
과와 똑같은 결과들을 산출한다고 말하려는 의도는 없다. 왜냐하면 우
리들이 앞으로 말하게 될 것처럼 이것들은 사물의 본성에 따라서 전혀
다른 결과들을 가질 것이기 때문이다. 사물의 본성에 대한 이해를 통해
서 사랑과 증오와 슬픔 등은 비물질적인 것들을 고찰하는 영혼 안에서
깨어난다.

그러므로 앞에서의 주제로 돌아가기 위해서, 만일 어떤 다른 것이 신

---

8 우리들이 어떤 것을 선하게 그리고 다른 것을 악하게 인식하는 것은 어디에 기인하
는가? 이에 대한 답은 다음과 같다. 우리들에게 그런 것을 알게 하는 것은 대상들
이기 때문에 우리들은 다른 것에 의해서보다 어떤 것에 의해서 비율상 다르게 영향
을 받는다. 그런데 우리들에게 가장 조화롭게 영향을 미치는 이 대상들은 (대상들
을 형성하는 운동과 정지의 비율에 연관해서) 우리들에게 가장 쾌적하며, 이 대상
들이 이와 같은 조화로운 비율이 점점 더 깨어질수록 그것들은 가장 불쾌하게 되는
경향이 있다. 그리하여 우리들이 알게 되는 모든 종류의 감정들이 우리들 안에 존
재하며, 흔히 일어나는 것처럼 감정이 물질적 대상을 통해서 우리들의 신체에 작용
할 경우 우리들은 그것을 충동(impulsus)이라고 부른다. 예컨대 슬퍼하고 있는 인
간은 간지럼 타거나 포도주를 마시거나 등에 의해서 웃게 되거나 또는 흥겹게 될
수 있다. 영혼은 실로 그러한 충동들을 알게 되지만 산출하지는 못한다. 왜냐하면
영혼이 작용할 경우 기분의 상쾌함은 참다우며 다른 종류의 것이기 때문이다. 그
이유인즉, 작용하는 것은 결코 신체가 아니고 지성적 정신(mens intellectualis)이
신체를 도구로서 사용하기 때문이다. 그러므로 결국 이 경우 영혼(mens)이 보다
더 활동적일수록 감정(sensus)은 더욱더 완전하다.

체보다 영혼에 보다 더 영광스러운 것으로 제시되어야 한다면, 신체는
확실히 지금과 같은 결과를 산출할 수 있는 어떤 힘도 가지지 못하리라
는 것이 분명하다. 어디에서 그런 결과가 생기는가? 신체는 정념들의
주요 원인일 뿐만 아니라 또한 다음과 같은 것도 사실이다. 비록 우리
들 안에 정념들을 산출할 수 있고, 우리가 방금 말한 어떤 다른 것이 있
다고 생각할지라도, 그와 같은 것은 신체가 실제로 지금 행하는 것보다
더 또는 다르게 정신에 영향을 미칠 수 없을 것이다. 왜냐하면 신체는
언제나 정신과 같은 것이어야 하며, 결국 우리들이 신체에 대해서도 마
찬가지로 앞서 말한 것처럼 그 자신을 다른 것이 아닌 것으로서 제시할
것이다.

그리하여 우리들은 다음처럼 참다웁게 결론 내릴 수 있다. 즉 사랑,
증오, 슬픔 그리고 다른 정념들은 시간에 따라서 사물에 대해서 가지게
되는 인식의 종류에 따라 정신 안에서 다양한 형태로 산출된다. 그래서
결국, 만일 정신이 일단 모든 것 중에서 가장 영광스러운 것이라는 것
을 알게 되면, 이 정념들 중 정신에게 최소한의 흥분을 성공적으로 야
기시키는 것은 어떤 것도 불가능할 것이다.

20

전술(前述)한 것의 확인

그런데 앞 장에서 우리들이 말한 것에 대해서 다음과 같은 난점들이 반대 입장에 의해서 제시될 수 있다.

1. 만일 운동이 정념들의 원인이 아니라면, 흔히 포도주처럼 특정한 수단에 의해서 슬픔을 물리치는 것은 어떻게 가능한가? 이에 대해서는 다음의 사실이 답이 될 것이다. 즉 정신(mens)이 제일 먼저 신체(corpus)를 지각하게 될 경우 정신의 지각과 신체가 정신에게 선한지 또는 악한지의 여부를 정신이 즉시 형성하게 되는 판단 간의 구분이 만들어지지 않으면 안 된다.[1]

그런데 정신은 바로 앞에서 이미 우리들이 말한 그러한 것으로서 자신의 뜻대로 생생한 정신들을 움직일 수 있는 힘을 가지고 있다. 그럼에도 불구하고, 일반적으로 신체에서 생기는 다른 원인들로 인해서 운동과 정지의 특정한 비율에 의해서 구성된 원인들의 형태가 사라지거나 변할 경우 정신의 이와 같은 힘은 정신에서 소멸될 수 있다. 그리고

---

[1] 곧 보편적으로 고찰된 지성과 사물의 선과 악을 특수하게 (개별적으로) 고찰하는 지성 사이의 구분을 말한다.

정신이 자기 안에 있는 이와 같은 변화를 지각하게 될 때 생생한 정신들이 겪는 변화와 함께 변하는 슬픔이 생긴다. 이와 같은 슬픔은 신체에 대한 정신의 사랑이며 또한 정신의 신체와의 통일이다.[2]

이와 같은 것은 다음의 사실로부터 쉽사리 도출될 수 있다. 즉 이와 같은 슬픔은 이들 두 가지 방법 중 한 방법으로 완화될 수 있다. 곧 생생한 정신들을 그것들의 원래 형태로 복구함으로써 또는 고통으로부터 해방시킴으로써 아니면 이 신체에 대해서 고심하지 않기 위해서 훌륭한 이유들에 의해서 설득을 당함으로써 슬픔은 완화될 수 있다. 첫 번째 것은 일시적이어서 슬픔은 되돌아 올 수 있다. 그러나 두 번째 것은 영원하고 지속적이며 불변한다.

2. 두 번째 반대는 다음과 같을 수 있다:

비록 정신이 신체와 어떤 것도 공통적으로 가지고 있지 않을지라도, 만일 생생한 정신들이 한 방향으로 움직이려고 한다면 이제 정신은 이 생생한 정신들을 다른 방향으로 움직이게 할 수 있다. 완전히 조용하고 정지하여 있는 물체 그 자체를 움직이게 할 수 없는 것은 어떤 이유에서인가?[3] 그리고 마찬가지로 이미 자기들의 운동을 소유한 다른 물체

---

2 인간의 슬픔은 악한 어떤 것이 자신에게 닥쳤다는 속견에 의해서, 곧 선한 어떤 것의 상실에 의해서 생긴다. 그러한 속견이 생겼을 경우 결과는 다음과 같다. 즉 생생한 정신들은 심장 주변에 모이고 다른 부분들의 도움을 받아서 심장을 압박하며 둘러싼다. 기쁨의 경우에는 정반대의 상황이 일어난다. 그러면 정신은 이 압박을 지각하며 고통을 느낀다. 그런데 약이나 포도주는 어떤 결과를 가져다주는가? 즉 약이나 포도주의 작용은 생생한 정신들을 심장으로부터 멀리 몰아 내며 다시 여유를 만든다. 그리고 정신이 이러한 사실을 지각하게 될 경우 정신은 포도주가 야기시킨 운동과 정지의 비율상의 변화에 의해서 악에 대한 생각이 전환된다는 사실에서 성립하는 새로운 활력을 얻는다. 그래서 정신은 지성이 보다 더 만족하는 어떤 것으로 방향을 돌린다. 그러나 이것은 정신에 미치는 포도주의 직접적인 효과일 수 없고, 단지 생생한 정신들에게 미치는 포도주의 효과일 뿐이다.

3 그런데 어떤 양태와 무한히 다른 하나의 양태가 여기에서 어떻게 다른 양태에 작용

들은 자기들이 원하는 곳으로 왜 움직이지 못하는 것인가?

_____

하는가에 대해서는 아무런 난점도 없다. 왜냐하면 그것은 전체의 한 부분이기 때문이다. 이유인즉 정신(mens)은 신체(corpus) 없이 존재한 적이 없으며 신체 또한 정신 없이 존재한 적이 없기 때문이다. 우리들은 다음과 같은 결론에 도달한다(쪽수는 전혀 제시되지 않았다).

1) 완전한 존재자가 있다.

2) 두 개의 실체들이 존재할 수 없다.

3) 어떤 실체도 시초를 가질 수 없다.

4) 각각의 실체는 자신의 유(類)에 있어서 무한하다.

5) 사유의 속성 역시 존재하지 않으면 안 된다.

6) 자연 안에는 유일하게 사유하는 것 안에 있는 자연의 관념만 존재하는데, 이 관념은 자연의 본질과 존재가 결합한 것에서 생긴다.

7) 결국 그런데:

8) 사물들의 본질이 사물들의 존재 없이 사물들의 표시 안에 포함되기 때문에 본질의 관념은 따로 떨어진 것으로서 고찰될 수 없다. 이와 같은 것은 존재와 본질 양자가 다 있을 경우에만 행해질 수 있다. 왜냐하면 그 경우에는 이전에 없었던 대상이 존재하기 때문이다. 예컨대 전체 벽이 흰색일 경우 이것 또는 저것 등등이 존재하지 않기 때문이다.

9) 그런데 이와 같은 관념은 그 자체를 고찰할 때 그리고 다른 모든 관념들을 떠나서 볼 때, 자연에 대한 단순한 관념 이상의 것이 될 수 없으며 개별적인 존재의 관념을 가질 수 없다. 더 나아가서 그렇게 고찰할 경우 그와 같은 개별적인 존재의 관념은 단지 부분에 지나지 않기 때문에 자기 자신과 자신의 대상에 대해서 매우 명석판명한 어떤 개념도 가질 수 없고, 전체 자연인 사유하는 것만이 이와 같은 명석판명한 관념을 가질 수 없다. 왜냐하면 자신의 전체 없이 고찰된 부분은 … 등등을 할 수 없기 때문이다.

10) 관념과 그것의 대상 사이에는 필연적으로 통일이 존재하지 않으면 안 된다. 왜냐하면 하나는 다른 것 없이 존재할 수 없기 때문이다. 그 이유인즉 사유하는 것 안에 관념이 없는 것은 아무것도 없으며, 사물이 존재하지 않으면 어떤 관념도 존재할 수 없기 때문이다. 더 나아가서 관념이 변화하지 않고서는 대상도 변화될 수 없으며 그 역(逆)도 성립한다. 그러므로 여기에서는 정신과 신체의 통일을 가져올 세 번째 것에 대한 필요가 전혀 없다. 그렇지만 다음의 사실을 주목하지 않으면 안 된다. 즉 우리들은 여기에서 사물들의 존재와 함께 신 안에 있는 사물들의 본질로부터 필연적으로 생기는 관념들에 대해서 말하고 있는 것이다. 그러나 사물들이 지금 실제로 우리들에게 제시하거나 또는 우리들 안에 산출하는 관념들에 대해서 말하고 있는 것은 아니다. 이들 두 가지 사이에는 큰 차이가 있다. 왜냐하면 신 안에 있는 관념들은 하나 또는 그 이상의 감각에 의해서 우리들 안에서 생기는 감각들처럼

그러나 만일 우리들이 사유하는 것에 대해서 앞에서 이미 말한 것을 회상한다면 그것은 우리들을 위해서 이와 같은 난점을 매우 쉽사리 제거할 수 있다. 말하자면 그럴 경우 우리들은, 비록 자연은 다양한 속성들을 가지고 있다고 할지라도 그것은 하나의 존재자(unum ens)인데, 그것에 대해서 이 모든 속성들이 서술된다. 이 이외에도 또한 우리들은 다음처럼 말하였다. 즉 사유하는 것 역시 자연에서 하나의 유일한 존재자이며, 자연 안에 존재하는 무한한 사물들에 따라서 무한한 관념으로(in infinitis ideis) 표현된다. 왜냐하면, 신체가 예컨대 베드로의 신체와 같은 양태를 받아들이고 다시금 바울의 신체와 같은 또 다른 양태를 받아들인다면 그 결과는 사유하는 것 안에 두 가지 서로 다른 관념들이 있게 된다. 말하자면 베드로의 신체에 대한 관념은 베드로의 정신(mens Petri)을[4] 형성하고 바울의 신체에 대한 다른 관념은 바울의 정신(mens Pauli)을 형성한다. 그런데 사유하는 것은 베드로의 신체에 대한 관념에 의해서 베드로의 신체를 움직이게 할 수 있지만, 바울의 신체에 대한 관념에 의해서 그렇게 할 수는 없다. 그래서 바울의 정신은 바울 자신의 신체를 움직이게 할 수 있지만 결코 베드로의 신체와 같은[5] 다른 사람의 신체를 움직이게 할 수는 없다. 그렇기 때문에 바울

생기지 않기 때문이다. 그러므로 신 안에 있는 관념들은 거의 언제나 단지 불완전하게만 감각들의 영향을 받는다. 그 관념들은 바로 있는 그대로 자기들의 존재와 자기들의 본질로부터 생긴다. 그렇지만 하나의 똑같은 것이 우리들 안에 있는 나의 관념과 너의 관념을 산출한다고 할지라도 나의 관념은 너의 관념이 아니다.

4 (역주) 여기에서의 정신(mens)은 영혼(anima)과 동일한 의미를 가진다

5 다음의 사실은 확실하다. 즉 인간은 존재의 시초를 가지고 있기 때문에 인간 안에서는 이전에 이미 자연 안에 존재한 속성 이외의 다른 어떤 속성도 발견되지 않는다. 그리고 인간은, 사유하는 것 안에 필연적으로 존재하지 않으면 안 되는 관념을 가지고 있는 신체로 형성되기 때문에 그리고 그 관념은 필연적으로 신체와 통일되지 않으면 안 되기 때문에 우리들은 주저하지 않고 다음처럼 말한다. 즉 인간의 정신은 사유하는 것 안에 있는 인간의 신체에 대한 이와 같은 관념 이외의 다른 것이

의 정신은 정지해 있는, 곧 움직이지 않은 채 있는 어떤 돌멩이도 움직일 수 없다. 왜냐하면 정신은 다시금 정신 안에 또 다른 관념을 만들기 때문이다. 따라서 다음의 사실도 마찬가지로 확실하다. 즉 완전히 정지하여 움직이지 않는 돌멩이가 앞에서 말한 이유와 똑같은 이유로 인해서 어떤 사유의 양태에 의해서 움직이게 되는 것은 불가능한 일이다.

3. 세 번째 반대는 다음과 같을 수 있다:

즉 우리들은 그럼에도 신체에 특정한 정지를 야기시킬 수 있다는 사실을 확실히 알 수 있는 것 같다. 왜냐하면 우리들의 생생한 정신들을 장시간 움직이게 한 다음에 피곤함을 느끼기 때문이다. 이것은 확실히 우리들 자신이 초래한, 생생한 정신들 안에 있는 특정한 정지일 뿐이다. 그렇지만 우리들은 다음처럼 답한다. 즉 정신은 이와 같은 정지에 대한, 그러나 단지 간접적으로만, 원인이라는 것은 매우 참다웁다. 왜냐하면 정신은 직접 운동을 정지시키지 않고, 자신이 움직이게 한 다른 신체들을 통해서만 운동을 정지시키며, 다른 신체들은 생생한 정신들에게 주었던 만큼의 정지를 필연적으로 상실한다. 이로부터 자연에는 하나의 동일한 종류의 운동만 존재한다는 것이 전적으로 명백하게 드러난다.

아니다. 그리고 이 신체는 운동과 정지를 가지고 있는 것처럼 (신체는 자신의 결정된 비율을 가지고 있으며 보통 외적 대상들에 의해서 변한다) 그리고 관념에서 직접 변화가 생기지 않고서는 대상에서는 어떤 변화도 생길 수 없는 것처럼 사람들이 반성적 관념(idea reflexiva)을 느끼는 변화가 생긴다. 그런데 나는 신체가 운동과 정지의 비율을 가지고 있다고 말한다. 왜냐하면 이들 두 가지가 일치하지 않는다면 신체에서는 어떤 과정도 일어날 수 없기 때문이다.

21

이성에 대해서

그러므로 이제 우리들은 특정한 것이 선하거나 악하다는 것을 우리가
안다고 할지라도 왜 때로는 선한 것을 행하거나 아니면 악한 것을 피할
능력을 우리들 안에서 발견하지 못하고, 또 어떤 때는 우리들 안에 있
는 그와 같은 능력을 발견하는 일이 생기는지 탐구하지 않으면 안 된
다. 만일 우리들이 우리가 모든 정서들의 원인(omnium affectuum
causa)이라고 말한 그리고 우리가 속견에 부여한 원인들을 고찰한다면
이러한 사실을 쉽게 이해할 수 있다. 그럴 경우 이 원인들은 소문으로
부터 또는 경험으로부터(ex auditu vel per experientiam) 생긴다고 우
리들이 말하였다. 그리고 우리들 자신 안에서 우리가 발견하는 모든 것
은 외부로부터 오는 것보다 더 큰 힘을 가지고 있기 때문에 확실히 다
음의 사실이 따라 나온다. 즉 이성(ratio)은 우리가 오직 소문으로부터
만 가지는 속견들을 파괴하는 원인일 수 있다.[1] 왜냐하면 이성은 속견

---

1 우리들이 여기에서 속견(opinio)이라는 말을 쓰건 아니면 정념(passio)이라는 말
   을 쓰건 두 가지는 다 똑같을 것이다. 왜냐하면 경험을 통해서 우리들에게 온 것들
   을 우리들이 이성에 의해서 극복하지 못하는 이유가 명백하기 때문이다. 그 이유인

들처럼 외부로부터 오지 않기 때문이며, 이성은 결코 우리들이 경험으로부터 얻는 것들의 원인일 수 없다. 왜냐하면 사물 자체가 우리들에게 주는 힘은 언제나 우리들이 결국 두 번째 것을 통해서 얻는 것보다 크기 때문이다. 우리들은 이 논문의 제2부 제1장에서 추론과 분명한 인식에 대해서 말하면서 이러한 구분에 주목하였고 그것도 3의 규칙을 예로 들면서 주목하였다. 왜냐하면 비율의 규칙에 대한 이해보다 비율 자체에 대한 이해로부터 더욱더 많은 힘이 우리들에게 생기기 때문이다. 이렇기 때문에 다음의 결과가 생긴다. 즉 우리들은 매우 자주 하나의 사랑은 보다 더 큰 다른 사랑에 의해서 소멸될 수 있다고 말하였다. 왜냐하면 이렇게 말하면서 우리들은 결코 욕망을 사랑과 마찬가지로 참다운 인식에서 생기지 않고 추리에서 생기는 것으로 이해하려고 하지 않았기 때문이다.

즉 이것들은 우리들이 선하다고 판단한 것에 대한 향유 또는 그것과의 직접적인 통일일 뿐이다. 그리고 이성은 우리들에게 무엇이 더 훌륭한지를 가르쳐 준다고 할지라도 우리가 그것을 향유하도록 하지는 않는다. 그런데 우리가 우리들 안에서 향유하는 것은 우리들이 향유하지 않는, 외부에 있는 것에 의해서 극복될 수 없는데 이것은 이성이 제시하는 것과 같다. 그러나 만일 이것들이 극복되어야만 한다면 더욱더 강력한 것이 존재하지 않으면 안 되며, 이런 식으로 이 첫 번째 것보다 더 잘 알려지고 향유되는 어떤 것에 대한 향유나 그 어떤 것과의 직접적인 통일이 있을 것이다. 그리고 이러한 것이 존재할 경우 극복은 항상 보장된다. 또는 이와 같은 극복은 물론 어떤 악의 향유를 통해서도 생긴다. 이 악은 향유했던 선보다 더 위대한 것으로 인식되며 그러한 선을 직접 뒤따른다. 그렇지만 여전히 경험은 이와 같은 악이 필연적으로 항상 그렇게 따라 나오지 않는다는 것을 우리들에게 가르쳐 준다. 왜냐하면 등등 이 논문의 제2부 제5장, 제19장을 볼 것.

22

참다운 인식과 재생

그러면 이성은 우리들을 행복으로(ad valetudinem) 이끌고 갈 능력이 없으므로 네 번째의, 곧 마지막 종류의 인식을 통해서[1] 행복에 도달할 수 있는지의 여부를 탐구할 일이 남아 있다. 그런데 우리들은 이와 같은 종류의 인식은 다른 어떤 것으로부터 생기지 않고, 지성에 대상 자체가 직접 드러남으로써 생긴다고 말하였다. 그리고 만일 그 대상이 영광스럽고 선하다면, 우리가 우리들의 신체와 연관해서 말한 것처럼 정신은 필연적으로 신체와 통일된다.

그러므로 사랑을 생기게 하는 것은 인식이라는 사실이 명백하게 따라 나온다. 그래서 우리들이 이와 같은 방식에 따라서 신을 알게 될 경우 (신은 모든 것들 중 가장 영광스럽고 선한 것 이외의 다른 것으로 자기 자신을 계시할 수도 없고 우리들에게 알려질 수도 없기 때문에) 우리들은 필연적으로 그와 통일되지 않으면 안 된다. 그리고 우리가 이

---

1 (역주) 스피노자는 이미 「지성 개선론」에서 인식의 단계 내지 종류를 네 가지로 구분했는데 그것들은 상상, 감각, 연역적 추론 그리고 직관적 이성에 의한 인식들이다. 이러한 인식론은 「에티카」에서도 일관성 있게 전개되고 있다.

미 말한 것처럼 이와 같은 통일 안에만 우리들의 지복(beatitudo)이[2] 성립한다. 나는 우리들이 신을 바로 있는 그대로 또는 충분히 알지 않으면 안 된다고 말하지는 않는다. 왜냐하면 그와 통일되기 위해서는 어느 정도 그를 아는 것으로 충분하기 때문이다. 그 이유인즉 신체에 대해서 우리들이 가지고 있는 인식마저도 우리들이 신체를 있는 그대로 또는 완전하게 아는 인식이 아니기 때문이다. 그렇지만 어떤 통일인가! 그리고 어떤 사랑인가!

신의 인식(Dei cognitio)인 이 네 번째 종류의 인식은 다른 어떤 것의 결과가 아니라 직접적이라는 사실은 앞에서 우리들이 증명한 것으로부터 명백하다. 곧 신은 어떤 다른 것에 의해서도 아니고 오로지 그 자신에 의해서 획득된 모든 인식의 원인이다. 이로부터 또한 다음의 사실이 명백하다. 즉 우리들은 본성상 신과 통일되어 있어서 신이 없으면 우리들은 존재할 수도 없거니와 알려질 수도 없다. 그리고 이런 이유 때문에 신과 우리들 사이에는 그처럼 긴밀한 통일이 있으므로 우리들은 직접적으로가 아니면 그를 알 수 없다는 것이 분명하다.

이제 우리들은 본성과 사랑에 의한 신과 우리들의 통일에 대해서 설명하려고 애쓸 것이다.

우리들은 앞에서 다음처럼 말했다. 즉 자연 안에는 똑같은 사물에 대해서[3] 관념이 없는 것은 어떤 것도 존재할 수 없는 것이다. 그리고 사물

---

2 (역주) 고대 그리스와 로마에서는 개인의 물질적 욕망 충족보다 사회복지나 사회적 안녕을 행복으로 보았다. 예컨대 아리스토텔레스가 말하는 유다이모니아(eudaimonia)는 사회적 복지 내지 안녕이다. 마카리아(makaria)는 종교적 행복 또는 죽은 자의 행복이다. 펠리치타스(felicitas)나 베아티투도(beatitudo)는 종교적 의미가 강한 축복 내지 지복으로서의 행복이다.

3 이것 역시 우리들이 이 논문의 제1부에서 말한 것, 곧 다음의 사실을 설명한다. 즉 무한한 지성은 영원히 자연 안에 존재하지 않으면 안 되며, 그런 이유로 인해서 우리들은 그것을 신의 아들이라고 불렀다. 왜냐하면, 신이 영원으로부터 존재한 것처

이 더 완전하거나 아니면 덜 완전함에 따라서 사물과 또는 신 자신과 관념의 통일 혹은 관념의 영향은 덜 완전하거나 아니면 더 완전하다. 그런데 전체 자연은 그 본질이 무한한 하나의 유일한 실체이므로 모든 사물들은 자연을 통해서 통일되며 그것들은 하나의 존재자로, 곧 신으로 통일된다. 그리고 이제 신체는 우리들의 정신이 지각하는 바로 첫 번째 것인 것처럼 (왜냐하면 이미 말한 것처럼 그 관념이 사유하는 것 안에 있지 않는 것은 자연 안에 존재할 수 없기 때문에 이와 같은 관념은 그러한 사물의 정신이다) 사물은 필연적으로 관념의 제1원인이지 않으면 안 된다.[4]

그러나 이러한 관념은 신체와 관념 자체를 성립할 수 있고 파악할 수 있게 하는 것으로 넘어가지 않고서는 신체의 인식에서 아무런 정지도 발견할 수 없기 때문에 앞에서의 인식에 따라 즉시 사랑에 의해 그것과[5] 통일된다. 이러한 통일은 더 잘 이해되며, 우리들은 통일이 신체와 함께 작용하는 것으로부터 통일이 반드시 어떠하여야 할지를 파악할 수 있다. 이러한 작용에서 우리들은 물질적인 것들에 대한 인식과 그것들에 대한 정서를 통해서 우리들이 끊임없이 신체 안에서 알게 되는 작용들이 생생한 정신들의 운동에 의해서 어떻게 우리들 안에서 생기는지 안다. 그렇기 때문에 (만일 우리들의 인식과 사랑이 일단, 그것 없이는 우리가 존재할 수도 없고 알려질 수도 없는 것을, 그리고 결코

럼 그의 관념 역시 사유하는 것 안에, 곧 신 자신 안에 영원으로부터 존재하지 않으면 안 되며, 객관적으로 이 관념은 그 자신과 일치한다. 이 논문 제1부 제9장을 볼 것.

4 곧 다음과 같다. 즉 우리들의 정신(mens)은 신체의 관념(corporis idea)으로서 자신의 첫 번째 존재자를 신체로부터 이끌어 내지만 그것은 단지 사유하는 것 안에 있어서의 전체적인 그리고 부분적인 신체에 대한 표상(repraesentatio)일 뿐이다.

5 (역주) '그것'은 신체와 관념 자체를 성립하고 파악할 수 있게 하는 것을 가리킨다.

물질적이지 않은 것을 포함한다면) 이와 같은 통일로부터 생기는 결과들의[6] 종류는 무엇보다 비교할 수 없을 정도로 크고 보다 더 영광스러울 것이고 또 그렇지 않으면 안 된다. 왜냐하면 이것들은 우리들이 통일되어 있는 것들의 성질과 필연적으로 일치하지 않으면 안 되기 때문이다. 그리고 우리들이 이 탁월한 결과들을 알게 될 때 참답게 다음처럼 말할 수 있다. 즉 우리들은 다시 태어난 것이다. 왜냐하면 우리들의 첫 번째 출생은 우리가 신체와 통일되었을 때 일어났기 때문이다. 이 출생을 통해서 생생한 정신들의 활동과 운동이 생긴다. 그러나 우리들의 이와 같은 또 다른 출생, 곧 두 번째 출생은 우리가 이 비물질적인 대상에 대한 인식과 일치하는 완전히 다른 사랑의 결과들을, 물질적인 것이 비물질적인 것과 다르고, 정신이 육신과 다른 것처럼 첫 번째 것과 다른 결과들을 알게 될 때 일어날 것이다. 그러므로 이러한 사실은 앞으로 우리가 증명하게 될 것으로 오직 이러한 사랑과의 통일로부터만 영원하고 불변하는 지속성이 생길수록 더욱더 참다웁고 정당하게 재생(regeneratio)이라고 일컬어질 수 있을 것이다.

---

6 (역주) '결과'(effectus)를 역자는 문맥에 따라서 '결과' 또는 '작용'으로 옮겼다.

23

❧

영혼불멸에 대해서

만일 우리들이 정신(mens)이 무엇인지 그리고 정신의 변화와 지속이 어디에서 생기는지 고찰하기만 한다면, 우리들은 그것이 사멸하는지 아니면 불멸하는지(mortalis an immortalis sit)의 여부를 쉽게 알게 될 것이다.

그런데 우리들은 정신이란 자연 안에 현존하는 사물의 본질에서 생기는, 생각하는 것[1] 안에 존재하는 관념이라고 말하였다. 이로부터 사물의 지속과 변화에 따라서 정신의 변화와 지속도 생기지 않으면 안 된다는 사실이 따라 나온다. 우리들은 동시에 다음의 사실도 주목하였다. 즉 정신은 자신이 신체의 관념으로서 신체와 통일될 수 있거나 또는 신 없이는 존재할 수도 없고 알려질 수도 없는데 그러한 신과 통일될 수 있는 것이다.

이러한 사실로부터 우리들은 다음과 같은 것들을 쉽게 알 수 있다:

1. 만일 정신이 오직 신체와만 통일되어 있다면 신체가 소멸하면 정

---

1 (역주) res cogitante는 생각하는 것, 곧 순수한 사유 존재로서의 신=실체 자연을 의미한다.

신 역시 소멸되지 않으면 안 된다. 왜냐하면, 정신이 자신의 사랑의 토대인 신체를 상실할 경우 정신은 신체와 함께 소멸되지 않으면 안 되기 때문이다.

2. 만일 정신이 어떤 불변하는 그리고 불변하게 지속하는 다른 것과 통일된다면 그럴 경우에는 반대로 정신 역시 불변하게 남아 있으며 지속한다. 그와 같은 경우 정신은 무엇에 의해서 소멸될 수 있을 것인가? 정신은 자기 자신에 의해서 소멸될 수 없다. 왜냐하면, 정신은 아직 정신이 존재하지 않았을 때 자기 자신에 의해서 존재하기를 시작할 수 없었던 것처럼 지금 자신이 존재한다는 것을 자기 자신에 의해서 변화시키거나 소멸시킬 수도 없기 때문이다.

결국 오로지 자기 자신의 현존의 원인인 사물은 또한 (그것이 소멸할 경우 그 자신의 비존재의 원인이지 않으면 안 된다. 왜냐하면 그것은 자기 자신을 변화시키거나 소멸시키게 되기 때문이다.

24

인간에 대한 신의 사랑

지금까지 우리들은 신에 대한 우리들의 사랑(amor noster erga De-
um)과 그 결과들, 곧 우리들의 영원한 지속을 충분히 제시한 것 같다.
그래서 여기에서 신 안의 기쁨, 마음의 고요함 등과 같은 다른 것들에
대해서 말하는 것은 필요하지 않다고 생각한다. 왜냐하면 지금까지 말
한 것으로부터 그것들에 대해서 무엇을 말하지 않으면 안 되는지 또는
무엇을 말하여야 할지를 쉽게 알 수 있기 때문이다. 그러므로 (우리들
이 지금까지 신에 대한 우리들의 사랑만을 살펴보았기 때문에) 우리들
에게 대한 신의 사랑도 있는지, 말하자면 인류가 신을 사랑할 경우 신
도 인류를 사랑하는지의 여부를 알아야 할 일이 여전히 남아 있다. 그
런데 무엇보다도 먼저 우리들은 다음처럼 말했다. 즉 신의 피조물들 안
에 있는 것들 말고는 어떤 사유의 양태도 신의 것으로 돌릴 수 없다. 그
러므로 신이 인류를 사랑한다고 말할 수 없으며, 더욱이 인류가 신을
사랑하기 때문에 신이 인류를 사랑하여야 한다고 말할 수 없고 또는 인
류가 신을 증오하기 때문에 신이 인류를 증오한다고도 말할 수 없다.
왜냐하면 그럴 경우 우리들은 사람들이 자기들 자신의 자유의지를 가

지고 그렇게 행한다고 그리고 그들은 제1원인에 의존하지 않는다고 가정하지 않으면 안 되기 때문이다. 이것은 이미 앞에서 우리들이 거짓된 것으로 증명한 것이다. 게다가 이것은 필연적으로 바로 신 안에 있는 커다란 변화가능성을 포함할 것이다. 그러한 신은 이전에는 비록 사랑하지도 않았고 증오하지도 않았을지라도 이제는 사랑하고 증오하기를 시작하지 않으면 안 될 것이고, 자신의 외부에 있는 것으로 여겨지는 것에 의해서 그렇게 행하도록 이끌리거나 아니면 그렇게 행하게 되는데, 이러한 사실은 그 자체가 부당하다.

여전히 신은 인간을 사랑하지 않는다고 우리들이 말할 경우, 이것은 신이 인간으로 하여금 홀로 자신의 길을 가도록 내버려 둔다고 이해해서는 안 되고 오직 다음과 같은 사실로 이해하여야만 한다. 즉 인간은 존재하는 모든 것과 함께 그런 식으로 신 안에 있으며 신은 그런 방법으로 이 모든 것들로 성립하기 때문에 알맞게 말하자면 신 안에는 다른 어떤 것을 위한 사랑이 있을 수 없다. 왜냐하면 모든 것은 신 자체인 하나의 유일한 것 안에 성립하기 때문이다.

이로부터 또한 다음의 사실이 따라 나온다. 즉 신은, 인류가 법을 지킬 경우 인류에게 보상하기 위해서 그리고 인류가 법을 어길 때 인류를 벌하기 위해서 인류에게 어떤 법도 부여하지 않는다. 아니면 보다 더 분명히 말하자면, 신의 법들(Dei leges)은 인류가 그것들을 위반할 수 있는 본성을 가지고 있는 것이 아니다. 왜냐하면 신이 자연에 부과한 규제들은 이 규제들에 따라서 만물이 존재하게 되고 계속해서 현존하는데, 만일 우리가 그것들을 법이라고 부르고자 한다면 그러한 법을 인류는 결코 위반할 수 없다. 예컨대 가장 약한 것이 가장 강한 것에 복종하지 않으면 안 되고, 어떤 원인도 자기 자신 안에 포함된 것 이상의 것을 산출할 수 없는 것 등이 법이다. 이러한 종류의 것들은 결코 변하지

않으며 결코 시작하지 않지만 모든 것들이 그것들에 복종하며 종속된
다. 그리고 그것들에 대해서 어떤 것을 간단히 말하자면 그것은 다음과
같다. 즉 위반할 수 없는 모든 법들은 신의 법들(divinae leges)이다. 그
이유인즉 생기는 것은 무엇이든지 간에 신 자신의 결정에 반대하지 않
고 그것을 따르기 때문이다. 위반할 수 있는 모든 법들은 인간의 법들
(humanae leges)이다.[1] 그 이유인즉, 인간들이 자기들 자신의 안녕을
위해서(ad eorem valetudinem) 결정하는 모든 것은 그렇다고 해서 자
연 전체의 안녕을 목적으로 삼으려고 하지 않고 오히려 반대로 다른 많
은 것들을 파괴하려는 경향을 가질 수 있기 때문이다.

자연의 법들(naturae leges)이 보다 더 강할 경우 인간의 법들은 소
멸된다. 신의 법들은 그 법들이 존재하기 위한 궁극 목적(ultimus fi-
nis)이고 종속적이지 않다. 인간들의 법들은 궁극 목적이 아니다. 그리
고 여전히 인간들은 자기들의 안녕을 위해서 법을 만들며, 법에 의해서
자기들 자신의 안녕을 촉진하는 것 말고는 다른 어떤 목적도 염두에 두
지 않고 있다는 사실에도, 인간들의 이와 같은 목적은 (이 목적이 그들
위에 군림하는 다른 사람이 염두에 두고 있는 다른 목적에 종속되어 있
는 한에 있어서) 영원으로부터 신이 확립한 영원한 법과 일치하는 목
적에 기여하며, 그렇게 하여 다른 모든 것들과 함께 모든 것을 완성하
는 것을 돕는다. 예컨대 벌들은 자기들 사이에서 유지하는 온갖 일과
엄한 질서 속에서 겨울을 나기 위해서 자기들을 위해 저장하는 목적일
뿐이라고 할지라도, 벌들보다 우월한 인간은 벌들을 키우고 돌볼 경우
그가 염두에 두고 있는 목적은 전혀 다른 목적, 곧 자기 자신을 위해서

---

1 (역주) 13세기 스콜라철학을 대변하는 아퀴나스는 법을 신법, 자연법, 실정법으로
  구분하였는데, 스피노자가 말하는 신법과 인간의 법은 아퀴나스의 법사상의 영향
  을 반영한다.

꿀을 채취하는 것이다. 그래서 인간이 개별적인 존재이고 그의 유한한 성격이 도달할 수 있는 것만을 보는 한 그가 염두에 두고 있는 목적은 인간의 목적이다. 그러나 인간이 전체 자연의 부분이고 도구인 한에 있어서 이와 같은 인간의 목적은 자연의 궁극적인 목적(ultimus naturae finis)일 수 없다. 왜냐하면 자연은 무한하며 또한 다른 모든 것들과 함께 인간을 도구로서 사용하지 않으면 안 되기 때문이다.

지금까지 우리들은 신이 부여한 법에 대해서 다루었다. 이제는 또한 우리들이, 인간은 자신 안에 있는 두 가지 종류의 법에 대해서 알고 있다는 것을 주의하지 않으면 안 된다. 말하자면 자신의 지성을 옳게 사용하는 인간은 신의 인식에 도달한다. 이들 두 가지 법칙들 중 하나는 인간과 신의 합일에서 생기며 다른 하나는 인간과 자연의 양태와의 합일에서 생긴다.

이것들 중에서 하나는 필연적이며 다른 하나는 그렇지 않다. 왜냐하면, 인간과 신과의 합일에서 생기는 법에 관해서 말하자면, 인간은 결코 다르게 존재할 수 없고 항상 신과 통일되지 않으면 안 되기 때문에 그는 자신의 목전에 그로 하여금 신을 위해서 그리고 신과 함께 살지 않으면 안 되게 만드는 법들을 가지며 또 항상 그런 법들을 가지지 않으면 안 된다. 그러나 양태들과의 통일에서 생기는 법에 대해서 말하자면, 인간은 다른 인간들로부터 떨어질 수 있기 때문에 그와 같은 법은 필연적이지 않다.

그런데 우리들이 신과 인간 사이의 그와 같은 공동체(communio)를 제시하기 때문에, 신은 어떻게 자기 자신을 인간들에게 알려지게 할 수 있는지, 그리고 이러한 일은 언급된 말에 의해서 아니면 다른 아무것도 사용하지 않고 직접 신 자신에 의해서 생기는지 또는 생길 수 있는지 우리들은 당연히 묻고자 한다. 우리들은 어떻든지 간에 결코 말로 답하지는 않을 것이다. 왜냐하면 우리들이 말로 답할 경우 그에게 말하기 전에 우리들은 말의 의미를 알고 있지 않으면 안 되기 때문이다. 예컨대 신이 이스라엘의 자손들에게 '나는 너희들의 신 여호와이다'(ego Jehovah sum, Deus vester)라고 말했을 때, 이스라엘의 자손들은 이 말을 통해서 자기들에게 말하고 있는 것이 신이라는 것을 확신할 수 있기 전에 이 말들과는 상관없이 신이 존재한다는 것을(Deum esse) 먼저 알고 있지 않으면 안 되었을 것이다. 왜냐하면 비록 목소리가 신의 존재를 널리 알린다고 할지라도 그들은 목소리와 천둥과 번개가 신이 아니라는 것을 아주 잘 알고 있었기 때문이다. 그리고 우리들이 여기에서 말들에 대해서 말하는 것과 똑같은 것을 우리들이 모든 외적 표시들에 대해서도 말했기를 바란다. 그리고 우리들은 또한 신이 어떤 외적 표시를 통해서 자신을 인간에게 알게 해야만 한다는 사실은 불가능한 것으로 여긴다.

그리고 우리들은 그러한 일이 신의 단순한 본질과 인간의 지성 이외의 어떤 다른 것에 의해서 생겨야 한다는 주장을 불필요한 것으로 고찰한다. 왜냐하면, 지성은 우리들 안에서 신을 인식하지 않으면 안 되는 그러한 것이므로, 그리고 지성은 신과 매우 직접적으로 통일되어 있어서 신 없이는 존재할 수도 없고 이해될 수도 없으므로, 이로부터 다음의 사실이 너무나도 분명하기 때문이다. 즉 어떤 것도 신 자신이 할 수 있는 것처럼 그렇게 밀접하게 지성과 결합될 수 없는 것이다. 어떤 다른 것을 통해서 신을 알게 되는 것 또한 불가능하다. 왜냐하면 첫 번째로 그럴 경우 어떤 다른 것은 신 자신보다 우리들에게 더 잘 알려져 있지 않으면 안 되는데, 이것은 지금까지 우리들이 분명하게 증명한 모든 것과 전적으로 모순된다. 즉 신은 우리들의 인식과 모든 본질의 원인이며 신 없이는 모든 개별적인 사물들이 존재할 수 없을 뿐만 아니라 파악될 수도 없는 것이다. 두 번째로 왜냐하면 우리들은 본성이 필연적으로 유한한 어떤 다른 것을 통해서는, 비록 그것이 우리들에게 훨씬 더 잘 알려져 있다고 할지라도 결코 신의 인식에 도달할 수 없기 때문이다. 유한하고 제한된 것으로부터 우리들이 무한하고 무제약적인 것을 추리해야만 하는 것은 어떻게 가능한가? 왜냐하면 그 원인이 우리들에게 알려져 있지 않은 자연의 어떤 결과들이나 작품을 우리들이 관찰한다고 할지라도 이와 같은 결과를 산출하기 위해서 앞의 사실로부터 자연 안에는 무한하고 무제약적인 것이 존재하지 않으면 안 된다고 결론 내리는 것은 우리들에게 여전히 불가능하다. 이와 같은 결과를 산출하기 위해서 수많은 원인들이 협력했는지의 여부를, 또는 오직 하나의 유일한 것만이 존재했는지의 여부를 우리들은 어떻게 알 수 있는가? 누가 그것을 우리들에게 말해 줄 것인가? 그러므로 결국 우리들은 다음처럼 결론을 내린다. 즉 신은 자기 자신을 인간들에게 알리기 위해서 말도, 기적도 또 어떤 다른 피조물도 사용할 수 없고 사용할 필요도 없지만 오로지 자기 자신만을 사용할 수 있고 또 필요로 한다.

25

악마들

이제 우리들은 악마들에 대해서 그들이 존재하는지 아니면 존재하지 않는지의 여부에 관하여 짤막하게 말할 것이다.

만일 악마(Diabolus)가 전적으로 신에게 반대되고 절대적으로 신으로부터 아무것도 받지 않았다면 그는 무 자체와(cum ipso nihilo) 일치하는데 이에 대해서는 이미 앞에서 우리들이 말하였다.

만일 우리들이 어떤 사람들과 함께 악마를 절대적으로 어떤 선도 원하지 않고 행하지도 않는 어떤 사유하는 것으로 생각한다면, 그래서 그가 자기 자신을 전적으로 신에게 반대되는 것으로 자리 잡게 한다면 그는 확실히 매우 비참하다. 그래서 만일 기도하는 사람들이 도울 수 있다면 그의 개종(改宗)을 위해서 빌지 않으면 안 될 것이다.

그러나 그와 같은 비참한 것이 한순간이라도 현존할 수 있는지의 여부를 알아보자. 만일 우리들이 알아본다면, 우리들은 그것이 현존할 수 없다는 것을 직접 발견해 낸다. 왜냐하면 한 사물의 모든 지속(dura-tio)은 그 사물의 완전성으로부터 생기며 사물들이 본질과 신성(神性)을 많이 가지면 가질수록 그 사물들은 더 오래 지속하기 때문이다. 그러므로 악마는 자신 안에 최소한의 완전성도 가지고 있지 않은데, 그렇다면 그는 어떻게 현존할 수 있는 것인가? 이것에 다음의 사실을 첨가하자. 즉 사유하는 것의 양태의 영속이나 지속은 사랑에 의해서 그와 같은 양태가 신과 결합하는 통일에서만 생기는 것이다. 이와 같은 통일에 대한 정반대로서 악마들의 경우 악마들은 현존할 수 없다.

그렇지만 우리들이 악마들의 존재를 받아들일 아무런 필연성도 없다고 한다면 우리들은 왜 그것들을 인정하는가? 왜냐하면 우리들은 증오, 질투, 분노 그리고 그와 유사한 정념들의 원인들을 발견하기 위해서 다른 사람들처럼 악마들을 받아들일 필요가 없기 때문이다. 그 이유인즉 우리들은 그와 같은 허구화 없이도 이러한 사실을 충분히 발견했기 때문이다.

26

참다운 자유

앞 장들에서의 주장에 의해서 우리들은 어떤 악마들도 존재하지 않는다는 것을 알리려고 했을 뿐만 아니라 실로 우리들의 완전성에 도달하는 것을 방해하는 원인들이, (또는 더 낮게 표현해서) 우리들이 죄악들(peccata)이라고 부르는 것들이 우리들 안에 존재한다는 것도 알리려고 했다. 우리들은 또한 앞에서, 네 번째 종류의 인식에 의한 것처럼 이성에 의해서 어떻게 그리고 무슨 방식으로 우리들이 지복(beatitudo)에 도달하지 않으면 안 되는지 그리고 악해서 추방하지 않으면 안 되는 정념들을 어떤 방법으로 버리지 않으면 안 되는지 이미 증명하였다. 말하자면 이 정념들은 보통 주장되는 것처럼 우리들이 신에 대한 인식에 결국 신에 대한 사랑에 도달할 수 있기 이전에 제일 먼저 반드시 근절되어야만 하는 것이 아니다. 이것은 마치 무지한 어떤 사람은 인식에 도달할 수 있기에 앞서서 제일 먼저 자신의 무지를 버리지 않으면 안 된다고 주장하는 것과 똑같을 것이다. 그러나 우리들이 말한 모든 것으로부터 분명한 것처럼 참다운 것은, 오로지 인식만이 무지를 소멸시킬 수 있다는 사실이다. 마찬가지로 앞의 사실로부터 또한 다음과 같은 점을 명백하게 받아들일 수 있다. 즉 덕이 없으면 또는 (보다 더 좋게 말하자면) 지성의 안내가 없으면 모든 사람들은 몰락하는 경향을 가지고 따라서 우리들은 어떤 안식도 누릴 수 없으며 사실상 우리들은 우리들의 요소들 밖에서 사는 것과 같을 것이다. 그래서 인식과 신성한 사랑의 힘으로부터 지성에, 우리들이 제시한 것처럼, 영원한 안식이 아니라 단지 일시적일뿐인 안식이 생긴다고 할지라도 일시적인 안식이라도 찾는 것이 우리들의 의무이다. 왜냐하면 이와 같은 안식은 또한 우리들이 일단 그것을 맛보기만 하면 우리가 세상의 어떤 다른 무엇과도 바꾸려고 하지 않을 안식이기 때문이다.

사태가 이렇기 때문에 사람들이 위대한 신학자들로 존경하는 많은 사람들이 주장하는 것, 곧 신의 사랑에서 아무런 영원한 삶도 생기지 않는다면 그들은 자기들 자신을 위해서 최선의 것을 찾을 것이라고 주장하는 것을 나는 근거를 가지고 커다란 부당함으로 간주한다. 그들은 마치 신보다 더 훌륭한 어떤 것을 발견할 수 있는 것처럼 주장하는 것이다! 이는 마치 물고기가 (물론 물고기가 물 밖에서 사는 것은 불가능한데) 물 속에서의 이 삶에 아무런 영원한 삶도 따르지 않는다면, 나는 뭍으로 가기 위해서 물을 떠날 것이다라고 말하는 것처럼 어리석은 짓이다. 신을 모르는 사람들이 실로 무엇을 우리들에게 말할 수 있는가?

그러므로 우리들은 다음과 같은 사실을 안다. 즉 우리들의 안녕과 안식에 대해서(de salute et quiete nostris) 우리가 확실하다고 주장하는 진리에 도달하기 위해서 우리들은 오로지 이 원칙 말고는, 곧 모든 것들에서 매우 자연적 현상으로 나타나는, 우리들 자신의 이익을 핵심적으로 취하는 원칙 말고는 다른 어떤 원칙들도 요구하지 않는다. 그리고 우리들이 감각적 향유, 쾌락 그리고 세속적인 것들을 추구할 경우 우리들은 그것들 안에서 우리들의 행복(salus)을 발견하지 못하고 반대로

파멸(perditio)만 발견하므로 우리들은 지성의 안내(intellectus direc-
tio)를 택한다. 그렇지만 신에 대한 인식과 사랑에 도달하지 못한다면
이것은 전혀 진전할 수 없으므로 이와 같은 신을 찾는 것이 너무나도
필요하다. 그리고 (선행하는 반성과 고찰에 따라서) 우리들은 선한 모
든 것들 중에서 신이 최고선이라는 것을 발견했기 때문에 우리들은 여
기에서 머물고 안식하지 않을 수 없다. 왜냐하면 우리들은 신을 떠나서
는 우리들에게 어떤 행복을 줄 수 있는 것이 아무것도 존재하지 않는다
는 것을 알았기 때문이다. 그래서 신의 사랑의 사랑하는 사슬에 묶여서
존재하며 그렇게 남아 있는 것이 참다운 자유(vera libertas)이다.

마지막으로 우리들은 다음의 사실도 안다. 즉 추리는 우리들 안에 있
는 핵심적인 것이 아니고 단지 계단과 같아서 우리들은 계단을 밟고 원
하는 곳으로 올라갈 수 있으며, 또한 추리는 훌륭한 천재와 같아서, 어
떤 오류나 기만도 없이 우리들이 최고선을 추구하도록 그리고 우리가
최고선과 통일되도록 자극하기 위해서 우리들에게 최고선의 소식을 가
져다준다. 그와 같은 통일은 우리들의 최고의 행복이며 지복(summa
nostra salus et beatitudo)이다.[1]

이 저술을 끝맺기 위해서는 인간의 자유(humana libertas)가 무엇인
지, 어디에 그것이 성립하는지를 짧게 제시할 일만 아직 있을 뿐이다.
이러한 목적을 위해서 나는 확실하고 증명된 것들로서 다음의 명제들
을 사용할 것이다.

1. 어떤 사물이 본질을 더 많이 가질수록 그것은 더 많은 능동성을
가지며 따라서 그만큼 수동성을 덜 가진다. 왜냐하면 능동적인 것은 자

---

1 (역주) salus는 앞의 역주에서도 밝혔지만 건강, 안녕, 건강 상태, 행복 등을 의미
   한다. beatitudo는 felicitas와 함께 종교적인 뜻을 가진 지복(至福)으로 이해할 수
   있다.

신이 가진 것을 통해서 작용하며, 수동적인 것은 자신이 가지지 않은 것에 의해서 영향을 받는 것이 확실하기 때문이다.

2. 비존재자로부터 존재자로 또는 존재자로부터 비존재자로 이동하는 모든 수동성은 내적 행위자로부터가 아니라 어떤 외적 행위자로부터 생기지 않으면 안 된다. 왜냐하면 그 자체로 고찰할 때 어떤 것도 그것이 존재할 때 자기 자신을 파괴할 수 있을 또는 그것이 존재하지 않을 때 자기 자신을 창조할 수 있을 조건들을 자기 자신 안에 포함하고 있지 않기 때문이다.

3. 외적 원인들에 의해서 산출되지 않은 것은 무엇이든지 그것들과 어떤 것도 공통으로 가질 수 없으며 결국 그것들에 의해서 변화될 수도 없고 변형될 수도 없다.

4. 내재적인 또는 내적인 (내가 보기에는 같은 것인데) 원인의 결과는 이 결과의 이와 같은 원인이 남아 있는 한 사라져 버리거나 변화할 수 없다. 왜냐하면 그와 같은 결과는 외적 원인들에 의해서 산출되지 않은 것과 마찬가지로 외적 원인들에 의해서 변화될 수도 없기 때문이다. 이는 세 번째 명제에 따라서 그렇다. 그리고 외적 원인들에 의하지 않고서는 어떤 것도 무화(無化)될 수 없기 때문에 결과에 대한 원인이 지속하는 한 이와 같은 결과가 소멸되기 쉽다는 것은 불가능하다. 이는 두 번째 명제에 따른 것이다.

5. 모든 원인들 중에서 가장 자유로운 원인 그리고 신에게 가장 어울리는 자유는 내재적(內在的)[2] 자유이다. 왜냐하면 이와 같은 원인의 결과는 이 원인 없이는 존재할 수도 없고 이해될 수도 없으며 또한 어떤 다른 원인에 종속되지도 않는 식으로 이와 같은 원인에 의존하기 때문

---

2 (역주) '내재적' (內在的)의 의미는 '선험적' (先驗的)과 유사하다. '인간이면 누구
   나 정신의 내면에 가지고 있는' 이 '내재적'의 구체적인 뜻이다.

이다. 더 나아가서 그 결과는 이와 같은 원인과 함께 하나의 전체를 형성하는 식으로 원인과 통일되어 있다.

이제 우리들은 앞의 명제들로부터 어떤 결론을 내리지 않으면 안 되는지 알아보기로 하자.

1. 신의 본질은 무한하기 때문에 그것은 첫 번째 명제에 따라서 무한한 능동성을 가지고 있으며 수동성에 대한 무한한 부정을 가지고 있다. 그리하여 이 결과로 사물들이 더욱더 신과 통일되어 있으면 사물들은 보다 더 큰 자기들의 본질을 통해서 그만큼 더 능동성을 가지고 또한 수동성을 덜 가진다. 그리고 사물들은 그만큼 더 변화와 소멸로부터 자유롭다.

2. 참다운 지성은 자기 자신에 의해서 결코 소멸될 수 없다. 왜냐하면 두 번째 명제에 따라서 지성은 자기 자신을 파괴할 어떤 원인도 자기 자신 안에 가지고 있지 않기 때문이다. 그리고 세 번째 명제에 따라서 지성은 외적 원인들로부터가 아니라 신으로부터 산출되기 때문에 지성은 외적 원인들에 의해서 변화될 수 없다. 그리고 네 번째 명제에 따라서 신이 지성을 직접 산출하였고 신이 유일한 내적 원인이기 때문에 지성의 이와 같은 원인이 남아 있는 한 지성은 소멸될 수 없다는 사실이 필연적으로 따라 나온다. 그런데 지성의 이 원인은 영원하며 따라서 지성도 역시 영원하다.

3. 참다운 지성과 통일되어 있는 참다운 지성의 모든 결과들은 가장 탁월한 결과들이며 다른 모든 결과들보다 높이 평가되지 않으면 안 된다. 왜냐하면 다섯 번째 명제에 따라서 그것들은 내적 결과들이므로 그것들은 가장 탁월한 결과들이지 않으면 안 되기 때문이다. 이 이외에도 그것들의 원인이 그러한 것이기 때문에 그 결과들 역시 영원하다.

4. 우리가 우리들 밖에서 산출하는 모든 결과들은 우리들과 함께 하

나의 동일한 본성을 구성하는 것처럼, 더욱더 우리들과 통일될 수 있으면 그만큼 더 완전하다. 왜냐하면 이와 같은 방식으로 그 모든 결과들은 내적 결과들에 가장 가까이 오기 때문이다. 예컨대, 만일 내가 내 이웃들에게 쾌락과 명예와 탐욕을 사랑하도록 가르친다면, 나 자신이 이것들을 사랑하든지 안하든지 간에 나는 벌 받을 짓을 하는 것이고 그것은 확실하다. 그렇지만 내가 얻으려고 애쓰는 유일한 목적이 신과 통일될 수 있고, 참다운 관념들을 가져오고, 이런 것들을 내 이웃들에게 알리는 것일 때는 다르다. 왜냐하면 우리들은 모두 평등하게 이와 같은 행복에 참여할 수 있기 때문이다. 이는 마치 그 행복이 내 이웃들 안에 내가 가진 욕망과 똑같은 욕망을 산출하고 항상 모든 것들에 의견을 같이 하여 하나의 동일한 본성을 구성하면서 그들과 나의 의지를 하나의 동일한 의지로 만들 때 생기는 것과 마찬가지로 생긴다.

지금까지 말한 모든 것으로부터 인간의 자유가 무엇인지 쉽사리 이해할 수 있는데[3] 나는 인간의 자유를 다음처럼 정의한다. 즉 인간의 자유는 우리들의 지성이 신과의 직접적인 통일을 통해서 획득하는 견고한 현실(firma existentia)이고[4] 따라서 그것은 자기 자신 안에서는 관념들을 그리고 자기 밖에서는 결과들을 산출하며 그 관념들과 결과들은 자유의 본성과 완벽하게 일치한다. 그렇지만 자유의 결과들은 외적 원인들에 의해서 변화하거나 변형될 수 있도록 어떤 외적 원인들에 종속되어 있지 않다. 그렇기 때문에 동시에 우리들이 지금까지 말한 것으로부터 우리들의 능력 안에 있는 것들은 어떤 것들이고, 무엇이 어떤

---

3 어떤 사물의 노예 상태는 외적 원인들에 종속되는 것에서 성립하지만, 이와 반대로 자유는 외적 원인들에 종속되는 데서 성립하지 않고 그것들로부터 자유로운 데서 성립한다.

4 (역주) firma existentia는 직역하면 '견고한 현존재'인데, 여기서는 현존재를 현실로 옮겨서 번역하였다.

외적 원인들에도 종속되어 있지 않은지 확실하다. 우리들은 앞에서와 똑같이 그리고 동시에 앞에서와는 다른 방식으로 우리들의 지성의 영원하고 끊임없는 지속(aeterna et constans intellectus nostri duratio)을 증명하였다. 그리고 마지막으로 다른 모든 결과들보다 우리들이 높게 평가하지 않으면 안 되는 결과들이 어떤 것인지 증명하였다.

이제 이 모든 것을 끝맺기 위해서 내가 이 글을 쓰는 친구들에게 할 말만 남아 있다. 즉 이 새로움들에 놀라지 말기 바란다. 왜냐하면 어떤 것이 많은 사람들에게 받아들여지지 않았다고 해서 참답지 않다는 것은 아니라는 사실은 여러분에게 너무 잘 알려져 있기 때문이다. 그리고 또한 우리들이 살고 있는 시대의 성격을 여러분이 알고 있기 때문에, 이와 같은 것들에 대해서 다른 사람들과 매우 신중하게 의사소통하기를 나는 가장 진지하게 여러분에게 청한다. 나는 여러분이 그것들을 절대적으로 <u>스스로</u> 간직하여야 한다고 말하려는 것이 아니고 단지 다음처럼 말하고자 한다. 즉 만일 여러분이 일찍이 어떤 사람과 그것들에 대해서 의사소통하기 시작한다면, 여러분의 이웃 사람이 여러분의 노력을 실망시키지 않을 보상을 확신하면서 동시에 여러분은 오직 여러분의 이웃 사람의 행복 이외의 어떤 다른 목적도 여러분을 촉구하지 않게 하여야 한다. 마지막으로 이 논문을 전부 읽으면서, 만일 내가 확실한 것으로 말하는 것에 대해서 여러분이 어떤 난점을 만난다면 나는 여러분에게 다음처럼 간절히 바란다. 즉 여러분이 난점을 만난다고 해서 그것을 단숨에 거부할 정도로 서두르지 말고 그것을 충분히 시간을 가지고 사려 깊게 숙고하기 바란다. 그리고 만일 여러분이 그렇게 한다면, 나는 여러분이 스스로 약속한 이 나무의 열매들을 향유하게 될 것이라고 확실하게 생각한다.

부록

1

신에 대해서

공리들

1. 실체는 자신의 본성에 의해서 자신의 변형(modificatio)들에 선행한다.

2. 서로 다른 사물들은[1] 현실적으로 아니면 양태적으로(vel realiter vel modaliter) 구분된다.

3. 현실적으로 구분되는 사물들은 사유와 연장(cogitatio et extensio)처럼 서로 다른 속성들을 가지고 있거나 아니면 지성과 운동(intellectus et motus)의 경우에 있어서와 마찬가지로 서로 다른 속성들에 속하는 것으로 언급된다. 이것들 중에서 지성은 사유에 속하며 운동은 연장에 속한다.

4. 서로 다른 속성들에 속하는 사물들과 마찬가지로 서로 다른 속성

---

1 (역주) 서로 다른 사물들(res quae differunt)에서 '사물들'은 정확히 말해서 물건뿐만 아니라 상황이나 사태까지도 포함하는 포괄적 의미를 가지고 있는 것이 확실하다.

들을 가진 사물들은 자신 안에 다른 것들을 가지고 있지 않다.[2]

5. 자기 자신 안에 다른 사물의 어떤 것을 가지지 않은 것은 또한 다른 사물의 존재에 대한 원인일 수 없다.

6. 자기 자신의 원인인 것이 자기 자신을 제한했다는 것은 불가능하다.

7. 사물들을 지속하도록 유지하는 것은 그것의 본성상 사물들에 선행한다.

정리들

정리1

다른 실체에 속하는 하나의 동일한 속성은 현실적으로 존재하는 어떤 실체에도 속할 수 없다. 또는 (똑같은 말이지만) 자연 안에는 두 실체들이 현실적으로 구분되지 않으면 두 실체들이 있을 수 없다.

증명. 만일 두 실체들이 있다면 그것들은 서로 다르다. 그러므로 (공리2) 그것들은 현실적으로 구분되거나 아니면 양태적으로 구분된다. 우선 실체들은 양태적으로 구분되지 않는다. 왜냐하면 그럴 경우[3] 양태들은 그 본성에 의해서 실체에 선행할 것인데, 이것은 공리1에 모순되기 때문이다. 그러므로 현실적으로 구분된다. 그리고 결국 어떤 것에 대해서 진술된 것은 다른 것에 대해서 진술될 수 없으며, 이것은 우리

---

2 (역주) 서로 다른 속성들에 속하는 것들은 서로 다른 속성들(을) 가진 것들을 자신 안에 가지고 있지 않고 또 그 역(逆)도 성립한다는 뜻이다.

3 (역주) '그럴 경우'는 '실체들이 양태들에 의해서 구분된다면'의 의미이다.

들이 증명하려고 했던 것이다.

정리2

하나의 실체가 다른 실체의 존재의 원인(existentiae causa)일 수 없다.

증명. 한 실체가 다른 실체의 존재의 원인이 되는 그와 같은 원인은 자기 자신 안에 한 실체가 다른 실체의 존재의 원인이 되는 그와 같은 결과에 대한 어떤 것도 포함할 수 없다(정리1). 왜냐하면 그것들 사이의 차이는 현실적이므로 그와 같은 원인은(공리5) 그와 같은 결과를 산출할 수 없기 때문이다.

정리3

각각의 속성이나 실체는 본성상 무한하며, 자신의 유(類)에 있어서(in genere sui) 가장 완전하다.

증명. 어떤 실체도 다른 실체에 의해서 산출되지 않으며(정리2), 따라서 실체가 존재한다면 그것은 신의 속성이거나 아니면 신의 밖에 있는 그 자신의 원인이었다. 만일 첫 번째 것이라면 그것은 필연적으로 무한하며, 신의 다른 모든 속성들처럼 자신의 유(類)에 있어서 가장 완전하다. 만일 두 번째 것이라면, 그것은 자기 자신을 제한할 수 없었기 때문에(공리6) 역시 필연적으로 그러한 것이다.

정리4

존재(existentia)는 본성상 실체의 본질에(ad substantiae essentiam)

속하기 때문에 무한한 지성 안에 자연에 존재하지 않는 실체에 대한 본질의 관념을 정립하는 것은 불가능하다.

증명. 어떤 대상의 참다운 본질은 똑같은 대상의 관념과 현실적으로 다른 것이다. 그리고 이것은 현실적으로 존재하거나(공리3) 아니면 현실적으로 존재하는 다른 것 안에 포함되어 있다. 이 본질은 다른 것으로부터 현실적으로 구분될 수 없고 단지 양태적으로만 구분되며, 우리들이 아는 사물들의 모든 본질들은 그런 것들이다. 그러한 본질들은 아직 존재하기 이전에 이미 연장, 운동 그리고 정지 안에 포함되어 있었으며 그것들이 존재하지 않았을 때 그것들은 연장(延長)과 현실적으로 구분되지 않고 단지 양태적으로만 구분되었다. 더 나아가서 그러므로 한 실체의 본질은 어떤 다른 것 안에 포함되어 있다고 가정하는 것은 자기모순을 범할 것이다. 왜냐하면 그럴 경우 실체는 이 어떤 다른 것으로부터 현실적으로 구분될 수 없는데 이는 정리1에 모순된다. 또한 실체는 자신을 포함하는 주관에 의해서(a subjecto) 산출될 수 있는데 이것은 정리2에 모순된다. 그리고 마지막으로 실체는 자신의 본질에 의해서 자신의 유(類)에 있어서 무한할 수 없고 최고로 완전할 수 없는데 이것은 정리3에 모순된다. 그러므로 실체의 본질은 어떤 다른 것에 포함되어 있지 않으므로 실체는 자기 자신에 의해서(per se ipsa) 존재하는 것이 아니면 안 된다.

보충

자연(natura)은 어떤 다른 것에 의해서도 아니고 자기 자신을 통해서 알려진다. 자연은 무한한 속성들로 성립하는데, 각각의 속성은 자신의 유(類)에 있어서 무한하며 완전하다. 자연의 본질(essentia)에 존재

(existentia)가 속하므로 자연을 떠나서는 어떤 다른 본질이나 존재도 없고, 따라서 자연은 유일하게 영광스럽고 축복받은 신의 본질과 정확히 일치한다.

2

인간의 정신에 대해서

인간은 창조된 유한한 것 등등(res creata finita, etc.)이기 때문에 필연적으로 다음의 사실이 따라 나온다. 즉 인간이 사유(cogitatio)에 대해서 가지는 것과 우리들이 정신(mens)이라고[1] 부르는 것은 우리가 사유라고 일컫는 것의 양태이며, 이러한 양태 말고는 다른 어떤 것도 인간의 본질에 속하지 않는다. 그래서 이 양태가 소멸하게 되면, 비록 앞에서 말한 속성이 변치 않고 남아 있다고 할지라도 정신 역시 소멸된다. 인간이 연장에 대해서 가지고 있는 것도 마찬가지이다. 우리들이 신체(corpus)라고 부르는 것은 단지 우리가 연장(extensio)이라고 일컫는 또 다른 양태일 뿐이다. 이것이 파괴되면 연장이라는 속성은 비록 변치 않고 남아 있다고 할지라도 인간의 신체 역시 존재하지 못한다.

 그러나 우리들이 정신이라고 부르는 이 양태가 무엇인지 그리고 그것은 자신의 근원을 신체로부터 어떻게 도출해 내는지 그리고 정신의

---

1 (역주) 앞의 역주에서 몇차례 지적한 것처럼 스피노자는 여기에서 정신(mens)을 영혼(anima)과 똑같은 의미에서 사용하고 있다. 일반적 관점에서 볼 경우 영혼(anima)은 정신(mens)보다 종교적 색채가 더 강하다고 말할 수 있다.

변화가 어떻게 오로지 신체에만 의존하는지 (내가 보기에 이 변화가 정신과 신체의 통일을 형성하는데) 이해하기 위해서 다음의 사실들을 고찰하지 않으면 안 된다.

1. 우리들이 사유라고 부르는 속성의 가장 직접적인 양태는 모든 사물들의 형식적 본질을 객관적으로 포함한다. 그래서 만일 사람들이 그 본질이 객관적이지 않은 현실적인 것을 앞에서 말한 속성 안에 정립한다면 이것은 자신의 유(類)에 있어서 무한하지 않으며 또한 최고로 완전하지도 않을 것인데, 이것은 이미 정리3에서 증명된 것에 모순된다. 그리고 사실상 자연 내지 신(natura sive Deus)은 하나의 존재자이고 그것에 대해서는 무한한 속성들이 서술되며, 그것은 자기 자신 안에 창조된 것들의 모든 본질들을 포함하기 때문에 필연적으로 다음의 사실이 따라 나온다. 즉 이 모든 것으로부터 사유 안에 무한한 관념이 산출되는데, 이 관념은 현실적으로 존재하는 자연 전체(tota natura)를 포함한다.

2. 다음의 사실을 주의하지 않으면 안 된다. 즉 사랑(amor), 욕망(cupiditas), 기쁨(laetitia) 등과 같은 나머지 양태들은 이 첫 번째 직접적인 양태로부터[2] 자기들의 원천을 이끌어 낸다. 그래서 만일 첫 번째 양태가 선행하지 않는다면 사랑과 욕망과 기쁨 등도 존재할 수 없을 것이다. 이로부터 다음의 사실이 분명히 따라 나온다. 즉 모든 것으로 하여금 자신의 신체(나는 양태를 의미한다)를 보존하도록 촉구하는 자연적 사랑은 관념 안에 아니면 사유하는 속성 안에 있는 그와 같은 신체에 대한 객관적 본질 안에 말고는 어떤 다른 기원도 가질 수 없다. 더 나아가서 관념의 현실적 존재(또는 객관적 본질)를 위해서는 사유하는

---

2 (역주) 첫 번째 양태는 사유(cogitatio)를 말한다.

속성과 대상(또는 형식적 본질) 이외의 다른 아무것도 필요하지 않기 때문에, 우리가 이미 말한 것처럼 관념 또는 객관적 본질은 사유하는 속성의 가장 직접적인 양태라는 것이 확실하다.[3] 따라서 이와 같은 속성에는 각 사물의 정신적 본질에 속하게 될 어떤 다른 양태도 주어질 수 없고, 그와 같이 현실적으로 존재하는 것에 의해서 사유하는 속성 안에 필연적으로 존재하지 않으면 안 되는 관념만 주어질 수 있다. 그와 같은 관념은 사랑, 욕망, 기쁨 등과 같은 여타의 양태들을 자신과 함께 가져온다. 그런데 관념은 대상의 존재로부터(ab objecti existentia) 생기기 때문에 대상이 변하거나 소멸함에 따라서 대상의 관념도 변하거나 소멸하지 않으면 안 되며, 그러므로 대상과 통일되는 것은 관념이다.

마지막으로 만일 우리들이 더 진행하고 정신의 본질에 정신을 현실적으로 만들 수 있는 것을 부여하고자 한다면, 사람들은 우리들이 방금 언급한 사유의 속성과 대상 이외의 어떤 다른 것도 발견할 수 없을 것이다. 그러나 이것들 중 어떤 것도 정신의 본질(mentis essentia)에 속하지 않는다. 왜냐하면 대상은 아무런 사유도 소유하지 않고 오히려 현실적으로 정신과 다르기 때문이다. 그리고 속성은 이미 다음처럼 증명하였다. 즉 속성은 소위 정신의 본질에 속할 수 없는데, 이러한 사실은 우리들이 계속 말한 것에 의해서 더욱더 분명하게 드러날 것이다. 왜냐하면 속성은 속성으로서 대상과 통일되어 있지 않기 때문이다. 그 이유인즉 비록 대상이 변하고 소멸된다고 할지라도 속성은 변하지도 않고 소멸되지도 않기 때문이다.

그러므로 정신의 본질은 오로지 이것에서만, 곧 사유하는 속성 안에

---

3 나는 그러한 양태를 가장 직접적인 양태라고 부르는데, 이것은 존재하기 위해서 똑같은 속성 안에서 어떤 다른 양태도 요구하지 않는다.

있는 관념이나 객관적 본질의 존재에서만 성립하는데, 그러한 존재는
사실상 자연 안에 존재하는 대상의 본질로부터 생긴다. 나는 더 이상
특별한 규정없이 '사실상 존재하는 대상의 등등'이라고 말하는데 이는
이것에 연장의 양태들뿐만 아니라 모든 무한한 속성들의 양태들도 포
함시키기 위해서이다. 무한한 속성들 각각은 연장의 경우에 있어서와
마찬가지로 역시 각자의 정신을 가지고 있다. 그리고 이와 같은 정의
(定義)를 보다 더 충분히 이해할 수 있기 위해서 속성들에 대해서 말할
때 내가 이미 언급한 것을 염두에 두어야만 할 것이다. 나는 이 속성들
은 그 자체가 자기의 본질들의 주체들이기 때문에 자기의 존재에 따라
서 구분되지 않으며 양태들 중 각 양태의 본질은 앞에서 언급한 속성들
에 포함되어 있고, 마지막으로 '모든 속성은 무한한 존재자의 속성이
다'(omnia attributa entis infiniti attributa esse)라고 말했다. 그러므
로 우리들은 또한 제1부의 제9장에서 이 관념을 영원히 신에 의해서
창조된 신의 아들 작품 또는 신의 직접적인 피조물이라고 불렀다. 그
관념은 생략하거나 첨가함이 없이 만물의 형식적인 본질을 객관적으로
포함하기 때문이다. 그리고 속성들의 모든 본질들과 이 속성들 안에서
이해된 양태들의 본질들이 오직 하나의 무한한 존재자의 본질이라는
것을 고찰할 때 그 관념은 오로지 하나의 관념이다. 그러나 여전히 다
음의 사실을 주의하지 않으면 안 된다. 즉 지금 고찰중인 이 양태들은
비록 그것들 가운데 아무것도 존재하지 않는다고 할지라도 자기들의
속성들 안에서 똑같이 파악된다. 그리고 속성들 안에는 똑같지 않은 것
이 아무것도 없고 양태들의 본질들 안에도 똑같지 않은 것이 없기 때문
에 자연 안에 특수성이[4] 없을 경우 관념 안에도 아무런 특수성이 존재

---

4 (역주) 특수성은 개별성을 말한다.

할 수 없다. 그러나 일찍이 이 양태들 중 어떤 것들이 자기들의 특수한 존재를 얻게 되고, 그리하여 자기들의 속성들과 다르게 되자마자 (왜냐하면 그럴 경우 어떤 양태들이 속성 안에서 가지는 특수한 존재는 그 양태들의 본질의 주체이기 때문에) 양태들의 본질들 안에서 그리고 결국 필연적으로 관념 안에서 파악되는 이 양태들의 객관적인 본질들 안에서 특수성 자체가 제시된다. 그리고 이와 같은 이유 때문에 우리들은 정의(定義)에서 관념은 자연 안에서 현실적으로 존재하는 대상으로부터 생긴다고 말하였다. 그리고 이렇게 하여 우리들은 일반적으로 정신이 어떤 종류의 것인지를 충분히 설명하였다고 생각한다. 이와 같은 표현을 가지고 우리들이 이해하는 것은 신체적 양태들의 존재로부터 생기는 관념들뿐만 아니라 또한 나머지 속성들의 모든 양태의 존재로부터 생기는 그 관념들이다.

그러나 우리들이 연장(延長)에 대해서 가지고 있는 인식과 같은 그러한 인식을 우리는 나머지 속성들에 대해서 전혀 가지고 있지 않기 때문에, 연장의 양태들을 고찰하고 나서 우리들이 보다 더 특별한 정의를 발견할 수 있는지의 여부를, 우리의 정신들의 본질을 표현하기에 한층 더 알맞을 정의를 발견할 수 있는지의 여부를 알아보기로 하자. 이것이 우리 앞에 놓여 있는 현실적인 과제이다. 이제 우리들은 여기에서 다음의 사실을 이미 증명된 것으로서 가정할 것이다. 즉 연장은 운동과 정지 이외의 어떤 다른 양태들도 포함하지 않으며 각각의 특수한 물질적 사물은 단지 운동과 정지의 특정한 비율일 뿐이므로 실로 연장이 오직 운동과 오로지 정지 이외의 아무것도 포함하고 있지 않다고 할지라도 전체 연장 안에는 어떤 특수한 것도 제시될 수 없거나 존재할 수 없을 것이다. 그러므로 인간의 신체(corpus humanum)는 운동과 정지의 특정한 비율일 뿐이다. 그런데 사유하는 속성 안에 있는 운동과 정지에 대한 이 실제적 비율의 객관적 본질을 우리들은 신체의 정신(mens corporis)이라고 말한다. 그래서 이 두 가지 양태들 중 하나가 많거나 적은 운동 또는 정지로 변하면 그에 따라서 관념이나 정신도 변한다. 예컨대 운동의 양(量)이 감소하는 반면에 정지의 양이 증가하게 될 경우 우리들이 차가움(frigus)이라고 부르는 고통이나 슬픔이 산출된다. 그러나 만일 반대로 운동의 양이 증가하게 되면 우리들이 열(calor)이라고 부르는 고통이 산출된다. 그리고 운동과 정지의 정도가 우리들의 신체의 모든 부분들에서 똑같지 않고 어떤 부분이 다른 부분보다 더 많은 운동과 정지를 가지고 있을 때 그로부터 감정의 차이(differentia sensus)가 생긴다(그리고 우리들이 눈이나 손을 막대기로 맞았을 때는 다른 종류의 고통이 생긴다). 그리고 이러한 변화들을 초래하는 외적 원인들이 서로 다르고 모두 똑같은 결과를 가져오지 않을 때 하나의 동일한 부분에 서로 다른 감정이 생긴다(그리고 하나의 동일한 손이 나무 조각에 맞았는지 아니면 쇳조각에 맞았는지에 따라서 감정의 차이가 생긴다). 그리고 다시금 신체의 부분에서 생기는 변화가 신체가 가진 운동과 정지의 최초의 비율을 신체로 하여금 회복하도록 한다면 이로부터 우리들이 평온함, 기쁜 활동 그리고 즐거움이라고 부르는 기쁨이 생긴다.

마지막으로 우리들은 감정(sensus)이 무엇인지 설명하였는데, 우리들은 이것이 어떻게 우리들에게 반성적 관념, 우리를 자신의 인식, 경험 그리고 추리를 주는지 쉽게 알 수 있다. 그리고 이 모든 것으로부터 (우리들의 정신이 신과 통일되어 있고, 직접 신으로부터 생기는 영원한 관념의 한 부분이기 때문인 것과 마찬가지로) 명백한 인식과 영혼불멸의 원천(clare cognitionis et animi immortalitatis origo)을 분명히 알 수 있다. 그러나 현재로서는 우리들이 말한 것으로 충분할 것이다.

해설

서양 근대 철학을 장식하는 커다란 두 흐름은 영국 경험론과 대륙 합리론이다. 영국 경험론은 베이컨, 홉스, 로크, 흄 등의 철학자들에 의해서 성립하고, 대륙 합리론은 데카르트, 스피노자, 라이프니츠에 의해서 성립한다. 서양 철학사에 있어서 가장 긴 시간에 걸친, 중세 기독교철학 (2~14세기)은 말 그대로 신 중심의 시대였으므로 암흑시대라고 일컬어진다. 그러나 쿠자누스, 파라켈수스, 브루노 등이 주축을 이루는 르네상스 철학은 문예부흥, 과학의 발달, 종교개혁, 지리상의 발견 등을 기반으로 삼고 신 중심의 독단주의를 탈피하고 범신론적 입장에서 인간과 자연과 신을 동시에 탐구 주제로 삼았다.

그러나 17세기에 접어들면서 수학을 바탕으로 삼은 천문학, 기상학, 물리학 등의 발달과 함께 자연과 아울러 인간을 탐구하려는 학문적 태도가 두드러지게 되었고 그러한 특징에 주안점을 두고 후세의 사상가들이 근대를 일컬어서 인식론의 시대라고 부르기도 하였다. 영국 경험론자들은 인간이 감각 경험으로 자연 대상을 인식할 수 있다고 주장하였다. 그런가 하면 대륙 합리론자들은 이성에 의해서 자연 대상과 아울러 인간을 참답게 인식할 수 있다고 말하였다.

프랑스 철학자 데카르트(1596~1650)는 일찍이 청년 시절에 10년에 걸친 독서, 지식인들과의 대화, 다양한 곳으로의 여행, 장기간의 숙고를 거친 후 『방법론: 자기 자신의 이성을 잘 인도하여 학문에서 진리를 탐구하기 위한』(*Discours de la méthode: Pour bien conduire sa raison, et chercher la vérité dans les sciences*, 1637)을 출판하였다. 계속해서 데카르트는 『제1철학에 대한 성찰』(*Meditationes de prima philoso-phiae*, 1641) 『영혼의 정념들』(*Les Passions de I' âme*, 1649) 『평화의 탄생』(*La naissance de la paix*, 1649) 등을 출판하였다. 데카르트는 1628년 철학적 사색과 저술 활동에 가장 알맞는 분위기와 환경을 찾아서 네덜란드로 이민하였다. 데카르트의 네덜란드 이민은 스피노자 철학이 탄생할 수 있는 가장 중요한 원천이라고 할 수 있다.

스피노자는 철학적 사색에 눈을 뜨기 시작한 청년 시절부터 이미 데카르트주의자였다. 스피노자가 26세 되던 1658년에 쓴 『지성 개선론』은 데카르트의 『방법론』이나 라이프니츠의 『단자론』에 버금가는 철학 입문서 내지 철학 개론서에 해당한다고 말할 수 있다. 『지성 개선론』의 상세한 제목은 『지성 개선론 그리고 지성을 사물들에 대한 참다운 인식으로 가장 잘 인도하는 길에 대한 논문』이다. 이것은 데카르트의 『방법론』과 거의 동일한, 인간의 이성에 대한 해명 및 사용 방법을 전개하고 있다. 물론 스피노자는 『지성 개선론』 이후의 『신과 인간과 인간의 행복에 대한 짧은 논문』과 『데카르트의 철학의 원리』에서도 데카르트주의자로서 자신의 고유한 철학 사상을 구축하기 위한 몸부림을 치고 있다.

『지성 개선론』에서 스피노자는 무엇보다도 이성적 삶을 영위함으로써 자연을 참답게 인식할 수 있다고 확신하였다. 그래서 그는 상상에

의한 인식, 감각에 의한 인식, 연역적 추론에 의한 인식 그리고 직관적
이성에 의한 인식 등 네 가지 종류의 인식을 말하면서 최고의 인식은
직관적 이성에 의한 것이라고 주장하였다. 이러한 그의 인식론은 세부
적으로는 변화가 있더라도 큰 틀에 있어서는 말년에 이르기까지 그의
인식론의 기본이 되었다. 인식론은 형이상학과 뗄 수 없는 관계를 가지
고 있기 때문에 스피노자는 영원한 본질과 우연적 본질을 구분하였다.
본질론은 『신과 인간과 인간의 행복에 대한 짧은 논문』에서 보다 더 상
세하고 구체적으로 논의된다.

스피노자는 『지성 개선론』을 미완성으로 남긴 채 28세 되던 1660년
『신과 인간과 인간의 행복에 대한 짧은 논문』을 집필하기 시작하였다.
스피노자는 『에티카』의 마지막을 "그러나 모든 가치 있는 것은 드물고
도 힘들다." (Sed omnia praeclara tam difficilia, quam rara sunt)라고
끝맺고 있는데, 이는 그가 플라톤, 아리스토텔레스의 전통을 따라서 철
학적 삶의 궁극 목적을 소위 행복(eudaimonia)에 두고 있음을 알 수
있다. 그렇기 때문에 그는 인식론, 형이상학, 종교론, 정서의 심리철학,
윤리학 등 모든 철학적 사색과 실천을 종합하는 자신의 체계적 저술의
제목을 『에티카』라고 했던 것이다. 『신과 인간과 인간의 행복에 대한
짧은 논문』은 어떻게 보면 『에티카』의 스케치라고 할 수 있다.

『신과 인간과 인간의 행복에 대한 짧은 논문』은 '제1부 신에 대하
여'가 모두 10장으로 되어 있고, '제2부 인간과 그의 행복에 대하여'가
모두 26장으로 되어 있으며 말미에 '부록 1 신에 대해서' '부록 2 인간
의 정신에 대해서'로 전체가 구성되어 있다. 이는 결코 짧은 논문이 아
니고 충분히 한 권의 책이 될 수 있는 분량이다.

'제1부 신에 대하여'에서 스피노자는 신＝실체＝자연이라는 자신의
범신론적, 자연주의적 형이상학을 논의하는데, 이러한 사상은 『에티

카』에서도 일관성 있게 전개되고 있는 내용이다. 특히 '제8장 능산적 자연'과 '제9장 소산적 자연'은 자연이 왜 실체이고 또 실체는 왜 신인지 스피노자의 범신론적 자연주의적 형이상학의 근거를 해명하고자 하는 노력이 돋보이는 부분이다.

『신과 인간과 인간의 행복에 대한 짧은 논문』의 제1부와 제2부를 종합적으로 보면 그것은 『에티카』의 내용 구성을 예견하게 한다. 이 논문을 쓰고 나서 2년 후(1662년) 스피노자가 4부작으로 구상한 『에티카』의 1부를 완성한 것을 보면 이 논문을 집필할 당시(1660년) 이미 『에티카』의 내용에 대한 계획을 다 마쳤다고 볼 수 있다. 『신과 인간과 인간의 행복에 대한 짧은 논문』의 제2부에서 우리는 스피노자의 인식론, 정서론(심리철학), 진리론, 종교철학 등이 어떤 특징을 가지고 있는지 잘 알 수 있다. 제2부의 곳곳에서 스피노자는 자신의 실체, 속성, 양태 등에 대한 견해가 데카르트의 것들과 다르다는 것을 암암리에 제시하고 있다. 이러한 스피노자 사상의 고유성은 『데카르트의 철학의 원리』를 거쳐서 『에티카』에 이르러서 확실한 형태를 취하게 된다.

스피노자는 24세 때(1656년) 유대 공동체로부터 이단으로 낙인이 찍혀 파문당했고 28세 때(1660년) 랍비 회의의 결정에 따라서 암스테르담으로부터 추방당하였다. 그 후 그는 라이덴 근처의 린스버그(Rijnsburg)에 정착하여 자신의 고유하고 자유로운 사상의 구상에 전념할 수 있었으며 『신과 인간과 인간의 행복에 대한 짧은 논문』을 집필할 수 있었고 『에티카』도 구상할 수 있었다.

스피노자의 『신과 인간과 인간의 행복에 대한 짧은 논문』에는 데카르트의 직접적인 영향이 중심 내용을 이루면서도 유대교와 기독교를 일관하는 성서에 대한 종교적 신앙과 조화로운 자연적 삶을 추구하는 경건한 스토아철학적인 윤리적 태도 그리고 르네상스철학을 반영하는 신과 자연과 인간의 통일 등에 대한 암시가 풍부하게 포함되어 있다.

그러나 이 논문에서 거론되고 있는 자유의지의 부정, 인간의 활동과 정념들(정서들), 실체와 신과 자연의 동일성, 사유와 연장 그리고 정신과 물질의 차이 등에 대한 스피노자의 논의와 증명은 많은 문제점과 허점을 가지고 있다. 이후 『데카르트의 철학의 원리』를 거쳐 『에티카』에 이르러 인식론, 형이상학, 윤리학, 자연철학, 심리철학, 종교철학 등에 대한 자신의 생각을 정리하여 매우 정교한 철학 체계를 제시하게 된다.

옮긴이 강영계

찾아보기

옮긴이에 대하여

강영계는 현재 건국대학교 철학과 명예교수이며 중국 서북대학교 객좌교수이고 독일 프라이부르크대학교, 프랑스 스트라스부르크대학교에서 교환교수를 지냈다. 서울대학교 철학과를 졸업하고 독일 뷔르츠부르크대학교에서 철학박사 학위를 받았다.

지은 책으로는 ...
Prinzip und Methode in der Philosophie Wonhyos(Amsterdam, 1981), *Der Weg zur Meditation*(Würzburg, 1981), 『태초에 말씀이 계시니라』(1981), 『베르그송의 삶의 철학』(1982), 『철학에 이르는 길』(1984), 『기독교 신비주의 철학』(1986), 『철학의 발견』(1966), 『사회철학의 문제들』(1992), 『니체, 해체의 모험』(1985), 『철학이야기』(2000), 『정신분석이야기』(2002), 『청소년을 위한 철학이야기』(2003), 『니체와 정신분석학』(2004), 『헤겔, 절대정신과 변증법 비판』(2005), 『강영계 교수의 프로이트 정신분석학 이야기』(2007), 『마르크스, 니체, 프로이트 철학의 끌림』(2008), 『강영계 교수의 사랑학 강의』(2008), 『청소년을 위한 철학 에세이』(2009), 『행복학 강의』(2010), 『청소년을 위한 정의론』(2011), 『청소년을 위한 가치관 에세이』(2012), 『죽음학 강의』(2012), 『지금 우리에게 물어야 할 22가지 질문』(2012), 『철학의 오솔길』(2012), 『철학으로 산다는 것』(2015) 등이 있다.

옮긴 책으로는 ...
『도덕과 종교의 두 원천』(H. 베르그송), 『인식과 관심』(J. 하버마스), 『중세철학 입문』(E. 질송), 『칸트의 비판철학』(S. 쾨르너), 『토마스 아퀴나스』(A. 케니), 『니체 생애』(K. 야스퍼스), 『서양철학사』(C. 프리틀라인), 『파라켈수스』(E. 카이저), 『브루노』(J. 키르히호프), 『무한자와 우주와 세계 외』(G. 브루노), 『에티카 (개정판)』(B. 스피노자), 『고백록』(A. 아우구스티누스), 『꿈의 해석』(지그문트 프로이트), 『영원한 평화를 위해』(이마누엘 칸트), 『방법론』(르네 데카르트), 『지성 개선론』(B. 스피노자), 『신과 인간과 인간의 행복에 대한 짧은 논문』(B. 스피노자), 『데카르트의 철학의 원리』(B. 스피노자), 『신학-정치론』(B. 스피노자), 『정치학 논고』(B. 스피노자) 등이 있다.